本书得到2011年教育部人文社会科学研究一般项目
“经营者集中反垄断救济措施运行机制研究”(11YJC820056)的资助

经营者集中反垄断救济措施运行机制研究

李俊峰 著

上海大学出版社

·上 海·

图书在版编目(CIP)数据

经营者集中反垄断救济措施运行机制研究/李俊峰著. —上海：上海大学出版社，2015.8
ISBN 978-7-5671-1828-7

Ⅰ.①经… Ⅱ.①李… Ⅲ.①反垄断法—研究—中国 Ⅳ.①D922.294.4

中国版本图书馆 CIP 数据核字(2015)第 196362 号

责任编辑 焦贵平 姜红莉
封面设计 施羲文
技术编辑 金 鑫

经营者集中反垄断救济措施运行机制研究
李俊峰 著
上海大学出版社出版发行
(上海市上大路 99 号 邮政编码 200444)
(http://www.press.shu.edu.cn 发行热线 021—66135112)
出版人：郭纯生
*
南京展望文化发展有限公司排版
上海华业装潢印刷厂印刷 各地新华书店经销
开本 787×960 1/16 印张 11 字数 174 千
2015 年 8 月第 1 版 2015 年 8 月第 1 次印刷
ISBN 978-7-5671-1828-7/D·175 定价：38.00 元

序

对经营者集中的反垄断审查，是全球反垄断执法最活跃的领域之一。我国自 2008 年以来，已作出近三十项附限制性条件批准或禁止的经营者集中审查决定，一些案件在国内外引起了广泛和强烈的反响。其中，既有积极肯定的声音，也不乏质疑批评的意见。产生观点纷争的一个重要原因，是反垄断个案的实体问题判断，具有强烈的“不确定性”特征，难以单纯从对法条的解读当中获得精确和具体的共识。因此，将经营者集中救济活动限定于相对清晰、稳定的机制框架内，是增强救济措施运行结果的可预期性的重要保障。

作为实施反垄断法的新兴法域，我国在经营者集中救济的程序法制方面已取得一系列显著成就，但也存在不少亟待完善之处。李俊峰博士的本项研究成果，正是为提升我国救济措施运行机制立法与执法水平所做的一次艰苦而有益的努力。

作者以开阔的研究视野、丰富翔实的资料、清晰严密的逻辑，运用多种研究方法，对经营者集中反垄断救济措施的运行机制问题进行了全方位、多角度的深入探讨，梳理和解决与救济措施运行相关的疑难法律问题，为构建体系完备、科学合理的救济措施运行机制提供了理论基础和实践对策，提出了一些有启发意义的观点。例如：救济措施运行机制应秉持四项基本原则；将运行机制视为一个系统、完备、自洽的整体的“体系原则”；强调集中当事者、其他利益相关者的知情权，执法机构信息披露义务的“透明原则”；要求运行机制向集中当事企业和利害关系人充分开放、向社会公众适当开放的“参与原则”；合理控制集中当事方、执法机构、第三人机制参与成本的“效率原则”;在形成、实施、矫正这三大基本机制中应正确看待救济措施的法律性质,设计不特定第三人参与运行机制的途径,对救济信息进行披露,对救济措施进行矫正修订,等等。全书在最后针对我国既有相关立法不足提出的具体立法草案建议稿,也颇具参考价值。

由于时间和篇幅等方面的限制,本书不可能涉及本领域的所有问题,有些方面也有可进一步讨论的空间,但作为作者完成的教育部人文社科项目的成果,本书的内容是非常丰富和深刻的,凝聚了作者的心血和智慧。希望本书能够为理论与实务工作者们带来裨益,也祝愿李俊峰博士取得更丰硕的研究成果!

是为序。

王先林

2015 年 5 月 27 日

于上海交通大学徐汇校区廖凯原法学楼

目　　录

第二章　集中救济措施运行机制的基本问题

第三章　集中救济措施的形成机制

第四章　集中救济措施的实施机制

第五章　集中救济措施的矫正机制

第一章
集中救济措施的价值、类别与性质

第一节　集中救济措施的价值

一、用语界说

本文所称的"救济措施"(merger remedies)是指与集中救济相关的具体的限制方式或条件。参照我国商务部主管经营者集中反垄断审查的工作人员的解释,救济措施是竞争执法当局基于对竞争问题的关注,而对参与集中的相关企业采取的"修正措施",它们是由集中当时企业向竞争执法机关[①]提出,经执法机关认可和接受的,消除集中可能产生的反竞争效果的解决方案。[②]

救济措施的"运行机制"(operating mechanism)则是指与救济措施的形

① 按照狭义的理解,执法机关通常是指依照法定职权和法定程序,行使行政管理职权的国家行政机关。但是在经营者集中反垄断审查的法律实施领域,由于世界各国法律制度上的差异,实际有权对经营者集中施加救济措施的公权力机构,性质上并不仅限于行政机关,而是包括司法机关、准司法机关等类型。为行文方便起见,除非另有说明,下文将不再予以细分,而是统称其为(竞争)执法机关。

② 参见尚明主编:《企业并购反垄断控制:欧盟及部分成员国立法执法经验》,法律出版社 2008 年版,第 80 页、82 页。

成、实施、救济①相关的程序问题以及由此引发的相关法律主体(包括反垄断当局、实施经营者集中的当事人、受到集中影响的其他利害关系人等)之间的交互关系模式。

本文研究的主题限定于救济措施的运行机制,主要关注救济措施的形成机制、实施机制和对业已形成或实施的救济措施在进行矫正、变更的相关机制问题。为此,本章将首先探讨集中救济措施的价值所在,进而分析集中救济措施的内容与性质类别,以及救济措施运行中的机制框架,以此为后续研究奠定价值、原则与逻辑方面的基础。

二、理论维度的分析

对经营者集中进行反垄断审查,或者限制某些经营者集中,这些做法的正当性何在?这个问题的答案取决于如何看待反垄断法的立法目的。

在这套价值观里,杂糅着经营自由、消费者福利、公共利益、公平交易、经济民主、资源配置、贸易保护主义等多元化的考量。

美国学界的主流意见,越来越将反垄断的意义聚焦于"效率"和"经济分析"。随着芝加哥学派观点的广为散播,将优化配置资源和增进消费者福利作为反垄断核心价值的国家和地区也日渐增多。

在中国,学者们在论述反垄断法的正当性基础时,也高度重视从经济学方面寻找支撑。

上述理论学说,一元论的"经济效率说",以经济效率为核心抑或将经济效率与其他目的并列的多元说,均对反垄断法的正当性基础做出了某些程度上的解释,但是都还存在着诸多争议之处。

总的看来,一国反垄断法的实施,尤其是关于经营者集中的反垄断规制,不可避免地、越来越频繁地与他国利益纠结在一起。不同国家在面对同一集中行为时,基于自身的利益判断,即便遵循相同的"经济分析"方法,仍然会得出具有差异性的审查结论。因此,笼统地讲"效率",而不明确"效率"利益的归

① 此处所谓对救济措施的"救济",是指对救济措施及其实施活动,提出异议,以期使救济措施获得实施或变更、终止。

属主体，并不能提供一套明确的价值标准和分析方法，或者为特定法域内的集中救济执法提供更多的确定性。“经济效率说”无法作为可以取代所有其他立法价值、放之四海皆准的唯一标准，从而用以指导救济措施的选择与运行。

三、现实层面的考量

如果把目光投射到纷繁复杂的社会现实环境当中去，我们就会更加深切地认识到经营者集中反垄断规制面临的目的与价值的复杂性。

不可否认的是，政治因素在集中规制的现实运行中始终发挥着重要作用。自诞生之日起，反垄断法就是“为应对产业经济中的大企业而做出的一个政治选择”，“这一选择解决了十九世纪末、二十世纪初美国政治领域关心的一个核心问题”。[①]

集中救济制度的全球传播历程，为从全球政治、经济关系的重大演变角度观察竞争法的工具功能提供了佐证。这一历程大致可以划分为三个时期：美国强制二战战败国制定实施集中规制制度；欧洲市场一体化给该制度带来的推广和协调效应；经济全球化和并购浪潮对发展中国家的冲击，迫使后者“师夷长技以制夷”，求助于规制集中的法律工具。

在价值层面上，即便完全剔除“地方偏见”（例如所谓意识形态上的差异性，或者对反垄断法立法目的的不同认识）的影响，假定各法域对文明价值存在普遍的共识，但是只要民族和国家或区域性组织的独立利益诉求尚存、法律作为实现本法域自身利益的工具性质不变，以邻为壑的经济与政治民族主义元素，都将难以避免地包含在集中救济制度的内在价值取向的内部和外部冲突当中。[②]

从研究救济措施运行机制问题的角度出发，从更宽泛和灵活的意义上（例如，将中国对反垄断法的实施，看作是事实上包含了竞争政策、产业政策、政治

① See Jonathan B. Baker, Preserving a Political Bargain: The Political Economy of the Non-interventionist Challenge to Monopolization Enforcement, 76 ANTITRUST L. J. 605 (2010).

② 对跨国购并的“敌视”并非仅存在于发展中国家。一项对 161 个国家 1970 年至 2006 年的 624 003起集中案例的统计分析表明，拥有集中规制法律的大国和富国，更倾向于对以本国公司为目标的跨国集中实施限制。见 John Conybeare, Dong-Hun Kim, Barbarians at the Gates: State Control of Global Mergers and Acquisitions, Volume 33, Issue 9, The World Economy, 2010.

考量等多种复合因素,以实现的特定综合治理目标为追求的政策运行过程)看待救济措施之于中国的意义,可能会更加贴近我们所处的现实环境。建立与这一制度运行现实状况相适应的,而非以某些纯粹的理论预设(例如,以"效率"为竞争法追求终极目标)或制度模型(例如欧盟模式或美国模式)为标杆的运行机制,会更加有助于我国的经营者集中救济制度在运行过程中获得更主动的服从、发挥更有效的作用。

尽管不同的法域运用集中救济措施所期望实现的实质性价值可能有所不同,但是不可否认的是,当今世界主要国家和地区的救济措施,其形成过程、实施过程和后续可能发生的变更调整过程,在程序机制上仍然呈现出强烈的趋同性。反垄断法后进国家借鉴、学习甚至其他国家和地区在救济措施运行机制方面的经验,不会抑制其特有价值目标的实现,反而有利于促使和保障其救济措施实质要求的贯彻落实。基于这种认识,本文将立足中国问题研究的基本指向,通过理论研究、规范研究、比较研究、案例研究,试图较为系统地梳理、澄清全球救济措施运行机制的基本共性问题,探讨改进中国救济措施运行机制的思路与方法。

第二节　集中救济措施的内容类别

一、传统类别标准中的歧义

根据内容的差异性对救济措施进行科学合理的分类，是开展本专题后续研究不可或缺的基础性工作。

国内外理论界与实务界广为认同的救济措施分类标准是结构救济(structual remedies)与行为救济(behavioural remedies)的二分法。① 这种分类方法的依据，可以追根溯源至产业经济学中"结构——行为——绩效"理论。仅从字面意思理解，结构救济似乎是会影响到市场结构、竞争结构的救济，行为救济是要求集中方为某种行为或不为某种行为的救济。

商务部2009年颁布的《经营者集中审查办法》(中华人民共和国商务部令2009年第12号)第十一条，将救济措施分成了三类，并用非穷尽列举方式给出了一些示例。该条规定"在审查过程中，为消除或减少经营者集中具有或者可能具有的排除或限制竞争的情况，参与集中的经营者可以提出对集中交易方案进行调整的限制性条件。根据经营者集中交易具体情况，限制性条件可以包括如下种类：(一) 剥离参与集中的经营者的部分资产或业务等结构性条件；(二) 参与集中的经营者开放其网络或平台等基础设施、许可关键技术(包括专利、专有技术或其他知识产权)、终止排他性协议等行为性条件；(三) 结构性条件和行为性条件相结合的综合性条件。"

虽然将集中救济划分为结构救济与行为救济被广为接受，但这种分类方

---

① See Stephen Davies & Bruce Lyons, Mergers and Merger Remedies in the EU, Edward Elgar Publishing Limited, 2007, p. 14.

式也具有局限性。实践中有些救济措施便很难从结构救济与行为救济的角度进行精确区分。[①] 在对结构救济、行为救济区分标准的认识方面，国内外学界、实务界的观点仍然存在很多模糊之处，尚未形成较为公认的共识通说。

二、“一刀两断”与“持续关系”标准

一些学者建议采取的所谓“一刀两断”(clean break)标准，为我们提供了一种识别救济措施种类的非常重要的思路。

该标准基于对下列事实进行审视：某种救济措施是否会在拟实施集中或已实施集中的经营者与其上下游或横向相关市场的经营者之间，或者在集中经营者与竞争执法机关之间“创设”(create)某种“关系”(relationship)。这种持续性的权利/力、义务关系，使得上述主体之间难以实现明确的“切断”。[②]

按照这一标准，传统的结构救济(典型形式之一是资产剥离)属于界限清晰的限制性条件，而行为救济(例如要求集中当事企业在相对较长的一段期限之内，维持其与竞争对手之间的技术援助或者供货关系，需要向竞争执法机关定期汇报救济措施的实施情况等)很难使经营者之间、经营者与执法机关之间断绝“关系”，从而不符合“一刀两断”标准。

笔者认为，“一刀两断”标准的考察虽然着力于相关市场主体之间、市场主体与监管主体之间的“持续关系”之有无，但是未尝不可以此作为区分结构救济、行为救济的“新”标准。结构救济是否以及在多大程度上改变了市场的“竞争结构”，并不是一个需要关心的问题，行为救济是否要求集中当事企业实施某种“行为”也是一个无足轻重的因素。我们只需关注和区分某种特定救济措施是否创制和要求特定主体之间长期维系某些法律关系即可。[③]

“持续关系”标准对研究救济措施运行机制问题而言具有十分重要的意

---

① 韩伟：《企业集中反垄断审查中的行为救济》，《东方法学》2013年第5期。

② See Stephen Davies & Bruce Lyons, Mergers and Merger Remedies in the EU, Edward Elgar Publishing Limited, 2007, p. 42.

③ 王晓晔教授认为，结构性救济措施“可一次性地改善市场竞争结构，此外反垄断执法机关也不需要对当事人的市场行为进行监督，这种救济方式一般受到反垄断执法机构的青睐”(王晓晔：《反垄断法》，法律出版社2011年版，第284页)。这种观点也隐含了将符合“一刀两断”标准的救济措施归入结构救济的思想。按照“二分法”的逻辑，其余的不符合“一刀两断”标准的救济措施，即应当属于行为救济。

义。这是因为如果我们把救济措施分为具有或不具有“持续关系”(或者称为“持续性”)的,那么也就意味着判断救济措施运行绩效的视角可以有“结果”与“过程”之分。对于“结果性救济”,救济措施运行机制的整体设计思路和评价标准,应当是终局性“结果”是否实现,实现的程度如何。对于“过程性救济”,救济措施运行机制的整体设计思路和评价标准,应当是期间性整个“过程”是否符合了竞争执法机关的规制需要。

三、“结果救济”与“过程救济”分类

为便于说明结果救济、附随结果救济、过程救济、附随过程救济之间的关系,可用下图示意:

- 救济措施
  - 结果救济措施
    - 主要结果救济措施—结果控制
    - 附随结果救济措施—过程控制
  - 过程救济措施
    - 主要过程救济措施—过程控制
    - 附随过程救济措施—结果控制

四、商务部救济措施的归类实例

用我国商务部业已采取的有代表性的某些救济措施[①]进行归类举例,可更加直观、具体地对救济措施的新的类别区分标准做出说明。

商务部对美国百特国际有限公司收购瑞典金宝公司案(以下简称“百特/金宝案”)所做的审查决定[②]就含有非常典型的结果救济措施,其中包括主要的和附随的结果救济措施。

该案审查决定中对百特剥离其全球 CRRT 业务的要求属于典型的主要结

① 根据集中审查工作的进展,商务部会不定时地对外公布其决定采取附加限制性条件批准经营者集中的案件公告。本文中采用的商务部相关案例公告数据,除非另有说明,均截止于 2013 年 12 月底。

② 《关于附加限制性条件批准美国百特国际有限公司收购瑞典金宝公司经营者集中反垄断审查决定的公告》(商务部公告 2013 年第 58 号)。

果救济措施，具备结果救济的若干基本特征。首先，CRRT剥离业务具有明确的截止时间节点要求。公告附件《美国百特国际有限公司拟收购瑞典金宝公司的交易救济承诺方案》设定的首个剥离期，为百特收购金宝交易的交割日起六个月（经申请，可延长至九个月）。首个剥离期结束后的六个月为受托人剥离期。其次，CRRT剥离业务以追求特定结果的实现为目标，即在指定的期限内，百特或其剥离受托人应当促成CRRT业务被剥离给独立于百特和金宝的其他主体这样一种“结果”的发生。

在商务部对联发科技股份有限公司吸收集中开曼晨星半导体公司案（以下简称“联发科技/开曼晨星案”）所做的审查决定[①]中，采取了典型的过程救济措施。根据商务部在本案中的要求，联发科技和晨星台湾应当至少在审查决定生效之日起的三年内，保持晨星台湾作为独立于联发科技之外的“竞争者的法人地位”。即在为期不短于三年的持续性的期间里，晨星台湾与联发科技都负有维系彼此之间的特定关系状态的义务。对“独立竞争者”状态是否符合商务部要求的评价，并非针对某种特定单一事实的判断，而是针对一种“持续的独立竞争关系”，而且这种持续关系本身正是商务部要求的主要内容。因此，这类救济措施属于主要过程救济措施。

① 《关于附加限制性条件批准联发科技股份有限公司吸收集中开曼晨星半导体公司经营者集中反垄断审查决定的公告》（商务部公告2013年第61号）。

第三节 集中救济措施的法律性质

关于救济措施的法律性质为何，国内外理论与实务界有多种观点，但是我国学者中进行系统梳理的研究成果较为少见。为给救济措施运行机制这一研究主题提供必要的前提基础，下文将列举和辨识救济措施可能具有的若干有代表性的法律性质。

一、行政裁决

有些学者在较为宽泛的意义上，将某些救济措施的性质归类于行政裁决。认为“这种裁决程序在一定程度上也类似于行业专家或者企业经营管理者在对企业内部运行进行经营管理决策时所采取的管理决策程序”。①

笔者认为，与反垄断法学者所指向法含义不同，在我国的行政法学理论当中，“行政裁决”的含义与反垄断法学者所指向的含义并不相同，一般是指行政机关依照法律授权“对当事人之间发生的、与行政管理活动密切相关的、与合同无关的民事纠纷进行审查，并作出裁决的行政行为”。② 将我国商务部作出的经营者集中反垄断审查决定称为”行政裁决”未尝不可，不过，这种术语称谓的使用与我国行政法学界的通常语意并不一致，容易产生歧义，所以应避免使用“行政裁决”的说法。

---

① 潘志成：《经营者集中反垄断审查的裁决程序》，法律出版社 2012 年版，第 3 页。
② 姜明安：《行政法与行政诉讼法》，北京大学出版社、高等教育出版社 2001 年版，第 202 页。

二、行政确认

对救济措施的法律性质的另外一种可能的定位是“行政确认”。所谓行政确认，我国学界一般认为可以将其定义为行政主体依法对行政相对人的法律地位、法律关系或有关法律事实进行甄别，给予确认、认定证明或否定并予以宣告的具体行政行为。

不过，行政确认行为的核心功能在于对某种既存行为或状态做出法律上的评价（肯定或否定性的结论），而非做出干预。因此，行政确认所产生的直接法律效果是静态的，并不具有在法律主体之间创设新的权利义务（如果说确认的内容包含权利义务，那么这些权利义务在理论上早于确认作出之前就已存在，只不过借由行政确认得到明确而已）的功能，或者要求某些法律主体作为或不作为的动态驱动功能。

三、行政和解协议/行政合同

（一）行政和解协议/合同的含义

所谓行政和解协议或者合同，一般是指行政主体以实施特定的行政管理为目的，与行政相对方就有关事项协商一致而达成的协议，是现代行政法中合意、协商等行政民主精神的具体体现。

我国的现行法律法规并未确立行政合同制度，也没有使用行政合同这一术语。但在司法实务中，却已经部分地承认了行政合同的存在。最高人民法院《关于规范行政案件案由的通知》（最高人民法院文件法发[2004]2号）列举的行政案件案由当中，具体行政行为已包括了行政合同。

（二）视为行政和解协议/合同的理由

救济措施之所以被认定为具有行政合同的性质的可能，是因为救济措施的形成过程恰恰是拟集中企业与反垄断审查机构之间就如何消减集中的反竞争效应进行商谈并达成一致的结果，这体现了双方之间的合意。

商务部《关于经营者集中附加限制性条件的规定(征求意见稿)》[①]则非常明显地体现了救济措施基于企业与反垄断审查机构合意之达成的特点。当商务部认为某集中方案具有反竞争之虞时,不得直接认定集中违法,而是应当向拟集中企业发出"要约邀请"。救济措施应当由拟集中企业自行提出,向商务部发出"要约"。申报方在规定期限内提出救济措施建议的,商务部应与申报方进行协商。

上述过程,乃是一个非常典型的行政合同的形成过程。

(三) 台湾地区及美国对救济措施性质的认识

在我国台湾地区,相关行政部门对于双方达成一致的救济措施,也的确称之为"行政契约"。

例如,台湾微软股份有限公司在接受台湾"公平交易委员会"的反垄断审查过程中,主动向审查机构递交了一份《行政和解要约书》,就"对消费者及教育用户软件产品之价格订定"、"促进消费者利益"、"促进品牌内竞争"、"微软产品之售后服务"、"合理分享软件码"、"在台湾落实美国和解协议之内容"等救济措施做出了承诺建议。微软公司特别声明:"关于本行政和解契约之各项承诺,台湾微软公司或其相关关系企业会与'公平交易委员会'充分合作以落实本行政和解契约之履行","本行政和解契约自'公平交易委员会'决议通过,并以书面送达台湾微软公司之日起生效","本案调查自本行政和解契约生效起终止"。

再如,在美国联邦贸易委员会以"同意令"(Consent Decree)结案[②]的集中交易审查中,通常会直接将这种令状表述为基于"同意协议"(Consent Agreement),并且实现"和解"(for settlement purposes only)。[③]

---

① 见《商务部关于〈经营者集中附加限制性条件的规定(征求意见稿)〉公开征求意见的通知》,http://www.mofcom.gov.cn/article/b/g/201305/20130500113302.shtml。

② 美国拥有多元化的经营者集中反垄断审查机制,最终生效的审查决定可能由联邦贸易委员会、司法部或特定的联邦地区法院做出。下文将对相关机制作进一步的介绍和讨论。

③ 在此类同意令中,通常的标准化表述方式为"被告及其律师与联邦贸易委员会的律师,就此缔结《同意令协议》(简称"同意协议"),其中包括:被告承认前述诉状草案中述及的管辖权,以及签署上述同意协议仅限于和解之目的,但不包括承认诉状所指称的被告存在违法行为,不包括承认诉状中除管辖权以外的其他指称的事实真实无误,也不包括承认放弃权利或者委员会规则要求的其他条款。考虑到上述情况以及下列情况:联邦贸易委员会已经确定有理由相信被告违反了相关法律,认为应当提出诉状、启动告诉,并且已经公布诉状和维持财产令,已经同意接受已签署的《同意协议》"。

由此可见，台湾地区或美国的部分经营集中救济措施的法律性质，所采观点属于“行政合同（行政和解契约）说”。不过，公共机构将具有行政合同性质的救济措施内容转化为其决定时，其法律性质也会发生相应的变换，在原有的双方协议色彩之上增加公权力的性质。

四、民事单方承诺

（一）面向第三人的接受仲裁承诺

在当前欧盟和美国竞争执法当局的政策当中，存在要求拟集中当事企业提交的救济方案建议当中包含面向不特定的利害关系第三人作出的单方承诺，承诺第三人有权就特定种类的争议事项提交仲裁程序解决的情况。

在 2011 年美国司法部《反垄断局集中救济政策指南》[①]中也提到“当同意令中包含非歧视条款时，反垄断局可要求设置一项仲裁条款，以便告诉者在无须反垄断局直接参与的情况下即可解决该条款项下与集中当事人行为相关的争议”。

这种关于仲裁的承诺的本质，是集中当事人向不特定第三人普遍做出的一种单方承诺，如果集中当事人没有履行救济措施的要求，那么与反垄断审查机构所做出的集中审查决定有利害关系的第三人便有权对集中当事人提出告诉，要求通过仲裁程序对争议事项进行裁决。

总之，这种关于愿意接受市场当中不特定第三人提起仲裁的救济措施承诺，具有民法上的单方承诺的性质。我国亦有学者建议，有必要在该领域的立法和实践中逐步引入仲裁机制。具体适用范围上应以行为性条件为主，并根据限制性条件实施的特殊要求，对传统的仲裁机制的自治性、保密性和程序快捷性等方面予以改进。同时，理顺仲裁机构与竞争执法机构之间的关系，以实现私人仲裁机制与公共执法机制之间的融合与互补。[②]

（二）面向第三人的实体义务承诺

在《关于附加限制性条件批准联合技术收购古德里奇经营者集中反垄断

① U. S. Department of Justice, Antitrust Division Policy Guide to Merger Remedies（2011）
② 刘武朝：《论经营者集中附限制性条件执行争议的仲裁适用》，《河北法学》2013 年第 10 期。

审查决定的公告》(商务部公告2012年第35号)中,集中方承诺将向第三方剥离古德里奇的电源系统业务,而且联合技术和古德里奇将根据买方的需求,“向买方转让确保上述被剥离业务存活性和竞争性所需的有形资产和无形资产(包括但不限于生产设备、销售部门、研发部门、客户服务及相关知识产权)”。这可以视作在我国商务部已经做出的经营者集中反垄断审查决定公告当中出现的具有向第三方做出单方承诺性质的救济措施。

五、(准)司法裁决

对于经营者集中的反垄断审查权,在某些国家并非专由行政机关独享。

美国的经营者集中规制模式甚至具有“法院中心主义”的特点。所谓法院中心主义,并非是指关于经营者集中审查的权力概由司法机关掌握,而是指就规制程序而言。虽然行政机关对集中案件进行了大量调查、分析工作,以及与集中当事企业之间就救济措施的具体内容进行了大量商讨谈判,但是最终形成具有法律效力的审查决定,却可能是由司法机关(法院)或准司法机关以司法裁决而非行政执法机关的决定的形式做出的。由此产生的救济措施,自然具有(准)司法裁决的性质。

由行政执法机关担任反垄断专司机构直接作出关于救济措施的决定,其程序更加注意突出专门性机构的作用。① 相比之下,通过法院诉讼判决方式形成救济措施的程序显然可能更加繁琐、复杂。因为上诉等原因,所需的时间可能更长,审查效率显然可能更低。这或许正是中国的经营者集中反垄断审查权没有效仿美国模式,而是借鉴欧盟模式基本定位于一种行政权力的重要原因。② 不过,这种貌似“低效繁琐”的经营者集中反垄断审查机制,仍然具有某些比较优势。例如,由于关于集中是否具有反竞争效应或者某救济措施是否符合“公共利益”等问题的判断,是由法院这种具有“司法权威”的机构做出的,其法律上

① 王先林主编:《中国反垄断法实施热点问题研究》,法律出版社2011年版,第173页。

② 我国《反垄断法》没有将经营者集中反垄断审查规定为行政执法机构的专有权力从而排除法院管辖权。这就意味着,按照我国行政诉讼法的一般原理,法院有可能成为关于某项集中案件是否具有反垄断效应、是否应当被采取救济措施等问题争议的最终裁判者角色。不过,此类诉讼并非公共机构对经营者集中进行反垄断审查的常态工作机制,而只是围绕行政执法争议的解决机制,在救济措施运行机制当中,属于后序的、非必经的、补充性、兜底性机制。

的确定性就比单纯由行政执法机关做出的裁决更加具有稳定性。救济措施的实施，也成为对生效判决的执行过程，较之行政处理决定的执行而言，显然更加具有确定无疑的强制执行效力。

六、行政许可

（一）行政许可的含义

按照我国行政法学界的通常理解，行政许可是指在法律一般禁止的情况下，行政主体根据行政相对人的申请，通过颁发许可证或执照等形式，依法赋予特定的行政相对人从事某种活动或实施某种行为的权利或资格的行政行为。这一概念包含两层意思：意识行政主体对相对人予以一般禁止的解除；二是行政相对人因此获得了从事某种活动或实施某种行为的资格或权利。①

行政许可作为对国家经济、政治等方面进行宏观调控的手段，同时具有维护社会经济秩序，保障社会公共利益的作用。

（二）商务部对经营者集中反垄断审查法律性质的认识

从我国的《反垄断法》第五十三条关于“对反垄断执法机构依据本法第二十八条、第二十九条作出的决定不服的，可以先依法申请行政复议。对行政复议决定不服的，可以依法提起行政诉讼”的规定中可以推知，在我国，关于救济措施的决定应当被认定为属于具体行政行为。

负责对经营者集中进行反垄断审查的专司机构——商务部反垄断局的官方观点，则显然将救济措施视为行政许可事项中的一项内容。可资佐证的是，商务部的网站上的“经营者集中反垄断审查办事指南”②一栏中明确指出，“经营者集中反垄断审查”这一行政事项，其类别属于“行政许可”。此外，在商务部关于经营者集中反垄断审查案件的决定文告中，也有可以用来将此类决定推定为行政许可的一些痕迹。所谓的“批准此项经营者集中”，显然有“许可”的意味。

---

① 姜明安：《行政法与行政诉讼法》，北京大学出版社、高等教育出版社 2001 年版，第 182 页。

② http://fldj.mofcom.gov.cn/aarticle/xgxz/200902/20090206034057.html

(三) 行政许可说的存疑之处

《反垄断法》第二十五条规定:“国务院反垄断执法机构应当自收到经营者提交的符合本法第二十三条规定的文件、资料之日起三十日内,对申报的经营者集中进行初步审查,作出是否实施进一步审查的决定……国务院反垄断执法机构作出不实施进一步审查的决定或者逾期未作出决定的,经营者可以实施集中。”第二十六条规定:“国务院反垄断执法机构决定实施进一步审查的,应当自决定之日起九十日内审查完毕,作出是否禁止经营者集中的决定,并书面通知经营者……国务院反垄断执法机构逾期未作出决定的,经营者可以实施集中。”从这两条规定可知,商务部“逾期未作出决定”的做法可以视为其并不禁止经营者集中。

换句话说,如果将“批准”经营者集中的决定作为行政机关的一种行政许可审批活动,那就意味着我国《反垄断法》的上述两条规定,实际上打破了我国行政法学界关于行政许可须以“要式”、“明示”为特征的固有观点,突破了《行政许可法》中关于“行政机关应当依法作出准予行政许可的书面决定”的规定,创制了以“不作为”的方式作出“默示许可”的新的许可方式。

救济措施的行政许可性质,在我国的反垄断法研究领域并未受到重视。不过,这一定位将对下文的救济措施运行机制研究的路径、视角产生重要意义。

七、行政处理

(一) 行政处理与行政处分的含义

关于行政处理的概念当做何种理解,学术界长期存在争议。[①]

行政处理主要包括下述特征:第一,行政处理的主体是行政主体;第二,行政处理的对象是特定的;第三,行政处理的内容直接影响特定相对人的权利义务;第四,行政处理一般要经过严格的法律程序;第五,行政处理具有可救济性;第六,行政处理的形式具有广泛性和多样性,包括但不限于行政征收、行政

① 参见罗豪才:《行政法学》,中国政法大学出版社 1996 年版。

征用、行政命令、行政许可、行政给付、行政裁决、行政确认、行政奖励、行政批准、行政监督、行政检查、行政调查、行政强制、行政处罚等。因此,行政处理是一个“类”的概念,可以包含若干具体的行政处理形式。

在台湾地区,“公平交易委员会”的审查决定,则被明确看作行政处理(其称谓为“行政处分”)。以其包含救济措施的“决定”的正式文本为例,其中通常有这样的表述:

“本结合对整体经济之利益大于限制竞争之不利益,尚无依公平交易法第12条第1项规定禁止其结合之必要。惟为确保本结合案于我国内之整体经济利益大于限制竞争之不利益,并为避免参与结合事业因垂直结合所造成的滥用市场力量或造成市场封锁等市场限制竞争或不公平竞争之虞,爰依公平交易法第12条第2项规定附加负担如决定内容。”

“申报人认为本决定书具有‘诉愿法’第1条或第2条之情事者,仍得于本决定书达到之次日起30日内向本会提出诉愿书(须检附本决定书复印件),诉愿于‘行政院’。”①

根据台湾地区“诉愿法”的规定,可提起诉愿的事由包括两类,一类是“人民对于‘中央’或地方机关之行政处分”或“各级地方自治团体或其他公法人对上级监督机关之行政处分”,“认为违法或不当,致损害其权利或利益者”,另一类是“人民因‘中央’或地方机关对其依法申请之案件,于法定期间内应作为而不作为,认为损害其权利或利益者”。而上述规定中的所谓“行政处分”,是指“‘中央’或地方机关就公法上具体事件所为之决定或其他公权力措施而对外直接发生法律效果之单方行政行为。前项决定或措施之相对人虽非特定,而依一般性特征可得确定其范围者,亦为行政处分。”

由此可见,台湾地区将行政机关对经营者集中反垄断审查的决定视为“行政处分”,其含义与大陆学者所谓的“行政处理”的概念大致相同。

(二)行政处理说较之行政许可说的可取之处

总的看来,对于我国大陆的经营者集中反垄断审查决定,与其持商务部的

① 参见台湾“公平交易委员会”关于荷兰商 ASML Holding N. V.(下称 ASML)拟透过其100%间接持股孙公司 Kona Acquisition Company, Inc. 合并案的《结合案件决定书》(公结字第102003号)。

观点，将经营者集中反垄断审查决定活动视作行政许可，不如借鉴台湾地区的做法，将其定位于行政处理。

如前所述，我国《行政许可法》第三十八条明确要求行政机关作出准予行政许可的方式应当采用“书面决定”形式。但是《反垄断法》第二十五条、二十六条却规定，如果反垄断执法机构在法定期限内“未作出决定”，经营者就可以实施集中。显然，如果认为反垄断执法机构的“不作为”行为就是对经营者集中所做的行政许可，那么已经与《行政许可法》的规定相抵触。

对“不进一步审查”、“预期不作出决定”和“不予禁止”的较为妥帖的理解，则是承认行政相对人此前就享有某种权利，而且行政主体对该种业已存在的权利不加以剥夺和否定，相当于不反对相对人既有的“旧权利”，易言之，“禁止之前有权利”，“禁止之后则丧失权利”。这种行政处理方式的基本理念是“权利本位”，即达到申报门槛条件的经营者集中原本就享有实施集中的权利，只不过它也负有提出反垄断审查申请、申报的义务，而且如果反垄断专司机构决定剥夺其集中权利，则它们的集中将失去合法性。相反的，如果相关机构没有做出剥夺其集中权利的决定——无论这种“不剥夺权利”的意思以明示的方式（例如以书面形式通知），还是以默示的方式（例如在一定的期间之内未做出任何意思表示），那么拟集中各方当然可以行使其本就享有的实施集中的权利，而无须获得反垄断机构的授权。

例如，在美国的相关反垄断机构针对经营者集中作出的不予禁止的决定当中，不但不会使用“批准”、“许可”等有授权意味的词语，甚至连“不予禁止”、“不予反对”之类的词语也不在其列。例如，对于明显不存在反竞争效应的集中，联邦贸易委员会或司法部会提前结束拟集中企业的“等待期”，宣告其“无意对申报的集中采取行动”。[①] 言下之意，拟集中的企业大可自行决定集中与否，执法机构目前没有横加干涉的意图；在由联邦贸易委员会做出的附加救济

① 这两家机构会在美国《联邦公告》上刊发通告《同意依据集中前申报规则提前结束等待期的请求》(Granting of Request for Early Termination of the Waiting Period Under the Premerger Notification Rules)，通常的表述方式为：“克莱顿法第 7A 款以及 1976 年哈特-斯科特-罗宾诺反垄断改进法标题二增加的内容，要求某些拟进行兼并收购的当事人在实施其方案之前，须通知联邦贸易委员会和副检察长，并在指定的期间内予以等待。克莱顿法第 7A(b)(2)允许执法机构，根据个案情况，提前结束该等待期并将此行动在《联邦公报》公布。……该同意由联邦贸易委员会和司法部反垄断局副检察长做出。两家机构在应予适用的等待期内均无意对拟进行的购并采取行动。”参见 Federal Register/ Vol. 78, No. 54 / Wednesday, March 20, 2013 / Notices, p. 17207.

措施的经营者集中反垄断审查决定中，通篇内容都是具体的救济措施内容以及对拟集中企业如何执行救济措施的要求，没有只言片语涉及“批准”、“许可”、“不予禁止”；[①]与此相同，在由司法部代表美国作为原告、由拟实施集中的企业作为被告的“同意判决”当中，法院的判决书内容核心也是救济措施本身，不包含因施加了救济措施而使经营者“有权”实施集中的任何词句或意思。[②]

换句话说，美国和欧盟当局附加救济措施的经营者集中反垄断审查决定，相当于一种“双向”承诺。对于集中企业来说，相当于其向审查机构做出了一种“履行”承诺——承诺履行救济措施的各项要求；对于审查机构来说，相当于其向集中企业做出了一种“弃权”承诺——承诺放弃对遵守了救济措施要求的集中企业实施干预、处罚的权利。如果企业违反救济措施的要求，那么反垄断审查机构将干预集中行为、剥夺集中权利、采取制裁措施。总之，反垄断机构审查活动的法律意义，是对集中企业增设负担而非创设权利，与我国行政法学意义下的“许可”或“批准”旨趣相异。

---

① 可参见 Decision and Order of the Federal Trade Commission in the Matter of PFIZER INC., and WYETH (DocketNo. C-4267)等。

② 可参见 USA v. Inbev N. V./S. A., Inbev USA LLC, and Anheuser-Busch Companies, Inc., Case No: 08-cv-1965 (JR)等。实际上，那些未在法定期限内被明确“禁止”或“批准”因而实际实施的集中交易，尽管因其进行了集中前的反垄断申报，美国司法部、联邦贸易委员会仍然有权在集中完成后采取执法干预措施。因此在严格意义上，即便是在申报过程中没有收到执法机构异议的集中，其合法性也仍然可能存在不确定性——尽管这种案例非常罕见。此类案例可参见 United States v. E. I. du Pont de Nemours & Co. 353 U. S. 586 (1957); Department of Justice, Justice Department Requires Sardines Divestiture in Connors Bros. Acquisition of Bumble Bee, http://www.justice.gov/atr/public/press_releases/2004/205267.pdf; FTC v. The Hearst Trust, The Hearst Corporation, and First DataBank, Inc., http://www.ftc.gov/sites/default/files/documents/cases/2001/12/hearstfinalorder.pdf

第四节　我国经营者集中审查决定的属性及其影响

一、从“不予禁止”到“批准”“许可”

在早期的附加救济措施决定中，商务部一度较为严格地遵从《反垄断法》第二十八条的措辞方式，采用“不予禁止”的说法。例如，在对英博集团公司(INBEV N. V. /S. A.)收购 AB 公司(ANHEUSER-BUSCH COMPANIES INC.)案的审查公告(商务部公告[2008]第 95 号)中，第二条写到：“商务部对申报材料进行了审查……根据反垄断法第 28 条的规定，决定对此项并购不予禁止”，与《反垄断法》该条款中关于“经营者能够证明该集中对竞争产生的有利影响明显大于不利影响，或者符合社会公共利益的，国务院反垄断执法机构可以作出对经营者集中不予禁止的决定”的规定的核心用语“不予禁止”保持了完全一致。

但是，在 2009 年三菱丽阳公司拟收购璐彩特公司案的审查决定中，商务部不再使用《反垄断法》规定中“不予禁止”的措辞，而是声明：“鉴于在规定的时间内，集中双方提出了足以消除不利影响的解决方案，商务部决定接受集中双方所做承诺，附加限制性条件批准此项经营者集中”。自此以后，商务部在所有附加救济措施的经营者集中反垄断审查公告中都沿用了类似“批准”某项经营者集中的措辞方式。①

① 其标准套语是：商务部决定“批准此项(经营者)集中”，见 2009 年第 76 号、第 77 号、第 82 号；2010 年第 53 号；2011 年第 33 号、第 73 号、第 74 号、第 90 号；2012 年第 6 号、第 9 号、第 25 号、第 35 号、第 49 号、第 87 号；2013 年第 20 号、第 22 号、第 58 号、第 61 号；2014 年第 3 号、第 24 号、第 30 号商务部公告等。

(一)“不予禁止”的由来

关于“不予禁止”这种说法的由来,一种可能的合理解释是,我国在起草《反垄断法》的时候,借鉴了以欧盟竞争法为其他法域的立法体例和文本技术中相类似的措辞方式,从而采用了“不予禁止”的措辞方式。

在《关于实施条约第 81 条和第 82 条制定的竞争规则的(EC)第 1/2003 号理事会条例》当中有如下说法:“条约第 81(1)条范围内的协议、决定和协同做法,如果能够满足条约第 81(3)条规定的条件,则不应予以禁止(shall not be prohibited)。”①

此外,在台湾地区“公平交易法”中也有类似的规定,其中第 12 条中提到:“对于事业结合之申报,如其结合,对整体经济利益大于限制竞争之不利益者,‘中央’主管机关‘不得禁止’其结合。”在台湾“公平交易委员会”撰写的附加救济措施的经营者集中反垄断审查决定文本“决定内容”部分的首段末尾,也都会用到“不予禁止”四字。②

(二)“批准”“许可”的背景

在宽泛的意义上,“批准”二字,可以理解为行政审批。具体地说,就是“批复准予集中”,与“不予禁止集中”并无实质不同。另外,在台湾地区的“公平交易法”中,也存在直接用到“许可”一词的情形。该“法”第十四条规定:“事业不得为联合行为。但有左列情形之一,而有益于整体经济与公共利益,经申请‘中央’主管机关许可者,不在此限……”第十五条规定:“‘中央’主管机关为前条之许可时,得附加条件或负担。许可应附期限,其期限不届满前三个月内,以书面向‘中央’主管机关申请延展……”第十六条规定:“联合行为经许可后,如因许可事由消灭、经济情况变更或事业逾越许可之范围行为者,‘中央’主管机关得废止许可、变更许可内容、命令停止、改正其行为或采取必要更正措

---

① Council Regulation (EC) No 1/2003 of 16 December 2002 on the implementation of the rules on competition laid down in Articles 81 and 82 of the Treaty, Article 1, 1.

② 例如,在关于“荷兰商 ASML Holding N. V.(下称 ASML)拟透过其 100%间接持股孙公司 Kona Acquisition Company, Inc. 与美商 Cymer Inc. 进行合并的结合案件决定书(公结字第 102003 号)中,“公平交易委员会”称:“本会为确保本结合案在我国内之整体经济利益大于限制竞争之不利益,依公平交易法第 12 条第 2 项规定,附加负担不予禁止。”

施。"第十七条规定："'中央'主管机关对于前三条之许可、条件、负担、期限及有关处分，应设置专簿予以登记，并刊载政府公报。"这些条款中的"许可"一词，似乎也可为商务部的"批准""许可"说提供某些法理上的支持或体例上的佐证。

关于我国商务部的经营者集中反垄断审查行为作出何种法律性质定位，如果用"行政审批"这一词语加以指代，不会引起太大的争议，这是因为行政审批的概念本身非常宽泛，没有得到过严格的界定。政府部门长期将其作为一种行政方式，把各种审批、核准、许可、登记，甚至备案等都列入行政审批的范畴。按照国务院行政审批制度改革工作领导小组《关于贯彻行政审批制度改革的五项原则需要把握的几个问题》(国审改发【2001】1号)中的观点，"行政审批是指行政审批机关根据自然人、法人或者其他组织依法提出的申请，经依法审查，准予其从事特定活动、认可其资格资质、确认特定民事关系或者特定权利能力和行为能力的行为。"行政审批存在多种具体表现形式，名称也不尽一致，有审批、核准、批准、审核、同意、注册、许可、认证、登记、鉴证等。"只要自然人、法人或者其他组织等相对人实施某一行为、确认特定民事关系或者取得某种资格资质及特定民事权利能力和行为能力，必须经过行政机关同意的"，都属于行政审批的范畴，其核心是"必须经过行政审批机关同意"。由此可见，在我国，行政许可只是行政审批这一概念项下的子概念。从国务院关于行政审批制度改革的大方向看，其指导思想是"行政许可化"，即：有必要保留的行政审批事项，作为行政许可进行管理，从而受到我国《行政许可法》的规范拘束；没有必要保留的行政审批事项，则予以取消。

从我国行政审批制度改革的大趋势来看，商务部的经营者集中反垄断审查活动被作为行政许可事项看待是一件顺理成章的事情。

(三)"弃权/行权"、"证权"之异同

1. 关于行政许可性质的现有学理观点

即便将商务部对经营者集中审查的决定行为视为"行政许可"，关于许可的法律性质又有若干细分的不同认识。

首先是"解禁说"。按照这种观点，被许可的相对人无须实施许可的主体另行授予某种权利，因为相对人原本就享有该项权利，只要行政主体表达了解

除限制/禁止的意思，即意味着相对人可得行使其既有的权利；

其次是"赋权说"。赋权说与解禁说的根本区别在于，前者是一种创设并将其赋予给相对人权利的权力行为，而后者是对既有权利的限制或禁止的去除。

此外，还有形成说（认为许可是使权利的行使成为可能的一种形成行为）、证权说（对具备法律、法规规定权利的资格和行使权利条件相对人给予行使权利的合法证明）等。

2. "弃权/行权说""证权说"的解释

笔者认为，用"弃权/行权说"与"证权说"之争来加以概括，比"解禁说"与"赋权说"的说法更为恰当。

此处的"弃权说"包含着三个方面的法律意义：

第一，权力乃依法放弃，而非怠于行使权力。例如，反垄断审查机构经过法定程序之后，认为该集中对于竞争秩序没有损害之虞、该种损害显著轻微、其同时还可能产生有利于提高经济效率的积极影响，或者是集中当事方已经做出了足以令反垄断审查机构感到满意的救济措施承诺，等等；

第二，反垄断机构的弃权须有一定的外观形式。这种形式既可以是明示的、积极的作为（例如向集中反垄断审查申报方提供不予禁止集中的书面通知），但是更需要注意的是，由于"弃权"的性质属于消极的不作为，因而当然也可以用默示的不作为（例如在某一特定的期间之内未做出予以禁止的决定，或者作出不进行进一步审查的决定）表达不予禁止和干预的意思；

第三，对于拟实施集中的当事企业而言，反垄断审查机构的放弃行使权力的行为应当只是具有不予阻拦的意思，但不包含为该集中行为本身的完全合法性提供证明和背书的意义。

此处的"行权说"，是指《反垄断法》赋予了商务部在某些条件之下对经营者集中实施干预的权力，如果条件成就，商务部则行使该权力。

所谓"证权说"，是指将行政主体作出授予许可的行为，视为相对人具备法律、法规规定权利的资格和行使权利条件的一种合法性证明。

相比之下，以弃权说与行权说相结合对商务部的反垄断审查活动进行诠释，经营者仅能得到较低限度的法律安全保证，即根据"禁反言"的原理，商务部不应对已作出的无条件或附条件不禁止集中的意思表示做任意变更。但是，经营者无法将商务部的不禁止集中决定作为对其他行政执法机构或民事主体依据经营者集中反垄断审查法律规定以外的其他法律规范，针对集中所提异议的抗辩事由或合法性凭证。

二、对救济措施运行过程的潜在影响

拟实施集中的经营者向商务部申报集中方案并获得不被禁止的审查结果，仅从商务部的审查程序而言，可能意味着审查活动已经告一段落。除了附条件批准集中的案件可能还会涉及后续救济措施的实施监管之外，对于无条件批准集中和禁止集中案件而言，除非集中当事人对于商务部的决定持有异议，[①]否则，集中当事人似乎就可以毫无顾虑地实施集中了。然而，如果集中案件当事人之外的第三人对该集中（包括救济措施对消除反竞争影响的充分性、合理性）持有异议，那么，经营者集中反垄断审查阶段的结束并不等于围绕该集中的法律争议的解除，恰恰相反，倒有可能是新的法律程序阶段的起始。第三人对于未被禁止的集中所持异议的解决过程，需要有与"后经营者集中反垄断审查阶段"相适应的一系列复杂的后续机制设计。

前文之所以对救济措施的法律性质问题做较为深入全面的梳理，并且提出对经营者集中反垄断审查决定究竟应当从弃权/行权、还是证权的角度诠释，原因在于对这些问题的看法，将会对救济措施的实际运行，尤其是第三人对经营者集中异议的过程及其机制设计产生重大的潜在影响。

（一）"弃权/行权"视角下的第三人异议法律关系

商务部的弃权行为、附加救济措施不禁止集中行为，相当于向经营者做出了不施加禁止干预的承诺，但并没有为该集中方案的合法性——尤其是民法上的合法性提供保证。因此，如果第三人试图阻止该集中方案的实施，那么可供其选择的法律争议解决途径基本有两条，如下图所示：

① 由于经营者通常希望其集中方案获得通过，因此在无条件批准集中的案件中，一般不会出现经营者持有异议的情形。当然，如果该集中具有"恶意收购"的性质，受到被收购企业高层管理人员的抵制，那么也可能出现集中当事人对反垄断审查机构不禁止集中决定提出异议的情形。对于禁止集中的决定，拟实施集中的经营者持有异议的可能性则相对较大。

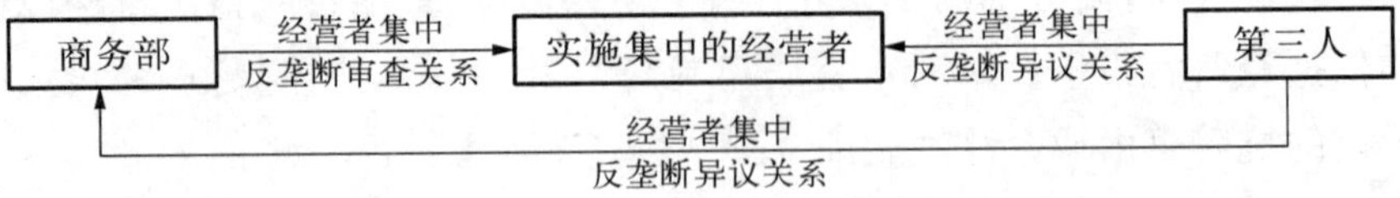

简要说来，如果以“弃权/行权”说来理解商务部的经营者集中反垄断审查决定，那么第三人对集中方案的实施可有两条异议途径，即直接以商务部为相对方依据行政法提出异议，在第三人与商务部之间形成对立关系；或者以实施集中的经营者为被告提出民事诉讼，在第三人与经营者之间形成对立关系。

(二)“证权”视角下的第三人异议法律关系

在“证权说”看来，商务部作出的不禁止经营者集中的决定(无论是无条件的不禁止，抑或附加救济措施的不禁止)不但意味着经营者价格不会因为实施集中而遭遇商务部的干预和制裁，而且意味着商务部向经营者授予了实施集中的权利，从更根本上讲，经营者的集中行为是行使公权力机构依据公法所授之权的行为。因此，对经营者集中方案的合法性的质疑，就不再纯粹是对经营者实施集中行为的私权利的质疑，而是在根本上寓意着对商务部授权许可集中这种公权力行为的合法性的质疑。

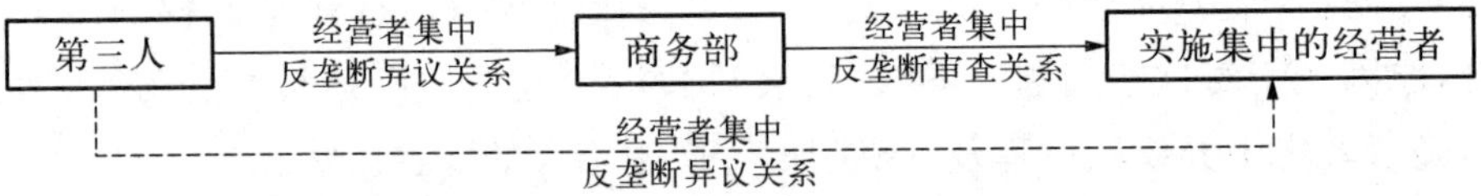

(三)域外制度实践与中国路径取舍

上述分析表明，商务部经营者集中反垄断审查决定的性质究竟属于“弃权/行权”抑或“证权”，并非无谓的学理之争，而是关涉到第三人对包括救济措施在内的审查决定内容之妥当性、合法性。所持异议的纠纷解决机制问题，亦即对于救济措施可能适用的矫正机制，因此对于救济措施的整体运行机制而言，具有重要的影响。

在两种理解与解释的背后，实质性的问题是异议纠纷的解决机制问题。具体地说，包括两个问题：是否允许第三人对商务部不予禁止的集中提出异议？如果允许，那么应当令其以商务部抑或集中当事人提出异议？

以域外实践做法来看，在经营者集中反垄断审查的第三人异议机制当中，以反垄断审查机构为抗告对象者有之，以集中当事企业为被告者亦有之。

1. 美国的第三人异议：针对集中当事人

在美国，公共执法机构之外的第三人针对具有反竞争影响的经营者集中提起的民事诉讼，被认为是经济领域当中得以维系竞争平衡的重要促成因素。总体而言，“垄断损害原则”是摆在私人反垄断诉讼面前的一大障碍，不过实际上只要处理得当，包括实施集中的企业的竞争者在内的私人提起的此类诉讼，仍然可能获得三倍损害赔偿、获赔律师费[①]，因而是相当“有利可图”的。

在美国《克莱顿法》的视野下，第三人针对经营者集中的异议是反垄断法实施机制中重要组成部分。正如最高法院史蒂文斯大法官在为 California v. American Stores 案撰写的一纸判决中所言：《克莱顿法》“展现出一个非常明显的意图，那就是鼓励针对反竞争的经营者集中提出强有力的私人诉讼。《克莱顿法》第七条本身创制了一个相对宽泛的垄断损害责任概念……私人对该法实施的作用绝非‘事后诸葛亮’，而是国会保护竞争的整体方案中的一部分……属于一种有利于私人诉讼的法定机制。”[②]

从理论上说，政府机构没有足够的资源、时间和信息来规制所有存在反竞争问题的经营者集中，而且有可能就经营者集中反竞争影响之有无或程度作出误判。在此意义上，由第三人自行对经营者集中提起诉讼，其在矫正正义方面的意义与价值不可低估。[③]

例如，对于 Allied Signal, Inc. v. B. F. Goodrich Co. 案[④]、Atlantic Coast Airline Holdings v. Mesa Air Group 案[⑤]涉及的集中方案，美国司法部和联邦贸易委员会没有采取规制措施，但是集中方的客户、集中收购的目标公司却作为原告提起民事诉讼，而且成功地阻却了集中方案的实施。在由私人提起的

① 依据美国成文法和判例法，反垄断民事诉讼中胜诉原告的律师费将由被告承担，见 American Society of Mechanical Engineers v. Hydrolevel Corporation, 456 U.S. 556 (1982).

② California v. American Stores, 495 U.S. 271, 284-85 (1990).

③ David A. Balto, Private Merger Challenges: A Critical Supplement to Government Enforcement, Mergers and Acquisitions Newsletter, Vol. IV, No. 3, 2004.

④ 183 F.3d 568 (7th Cir. 1999).

⑤ 295 F. Supp. 2d 75 (D.D.C. 2003).

一些民事诉讼案件当中——例如 Bon-Ton Stores, Inc. v. May Department Stores Co.[①]等,美国执法部门的官员们也参与进来提供支持。

在 Union Carbide Corp. v. Montell N. V.[②]案中,被告方拟实施的集中方案业已经过联邦贸易委员会的审查,审查机构与集中方就救济措施达成协议,并送交法院经法定程序以同意裁决(consent decree)的形式结案。但是,第三人仍然坚持就该集中方案针对集中方提起诉讼。该案的第三人是被告的竞争者,指控被告意图通过集中抑制产出、提高价格、限制新技术的使用和开发,损害竞争和谋求垄断利润。被告辩称,若事实果真如原告所言,那么原告将从中受益而非受损。法院拒绝接受被告的辩词,并指出原告已经恰当地就其所受损害均系被告行为所致提出了主张。最后,该案以和解方式告终,被告做出的承诺内容远远超过了与联邦贸易委员会达成的同意裁决。

2. 欧盟的第三人异议:针对反垄断审查机构[③]

《欧共体合并条例》[④]中没有规定欧盟委员会做出的关于经营者集中反垄断审查决定是否应受司法审查,但是《欧共体条约》第 230 条则提供了明确的指引。根据该条约第 230 条第 4 段的规定,能够证明其与欧盟委员会做出的关于经营者集中反垄断审查的决定有"直接和个别的利害关系"(directly and individually concern)的第三人,有权就该决定启动诉讼程序(institute proceedings);[⑤]依该条第五段规定,诉讼时效为两个月,自上述决定公布之日起算,未予公布的,自原告知道该决定之日起算。[⑥]

根据上述规定,如果第三人能够证明与欧盟委员会做出的经营者集中反垄断审查决定具有"直接和个别的利害关系",即有权通过诉讼以欧盟委员会为被告直接提出异议。

---

① 881 F. Supp. 860 (W. D. N. Y. 1994).

② 944 F. Supp. 1119 (S. D. N. Y. 1996).

③ Suyong Kim, Anne Vallery and Deirdre Waters, Judicial Review of Mergers, http://www.vvgb-law.com/wp-content/uploads/2013/02/Judicial-Review-of-Mergers.pdf

④ 全称为"The Councel Regulation (EC) 139/2004 (The EC Merger Regulation) which replaced Council Regulation (EC) No 4064/89 of 21 December 1989 on the control of concentrations between undertakings"。

⑤ 该段原文为:"任何自然人或法人对于向其本人做出的决定,或者向他人做出的规定或决定,若其与本人有直接和个别利害关系,得在同等条件下提起诉讼。"

⑥ 该段原文是:"本条所规定至诉讼应于措施公布或原告接到通知后的两个月内提起,未予公布或接到通知的,自原告知道之日起算。"

关于何谓“直接和个别利害关系”的含义，在欧盟的判例和理论研究中已多有论述。其中较为经典和被广泛引用的解释，来自两个案例：

Plaumann 案的判词写到：“某项决定的当事人之外的他人，只有在下述情形下方可主张其具有个别利害关系：该决定通过环境使其受到异于他人所受的影响，这些因素实际上使其与他人区别开来，恰如当事人一样”；

Glencore Grain 案的判词提到：如果一项由欧盟委员会做出的决定“直接影响到个人的法律处境，当事人在执行决定措施方面没有自由裁量权，纯粹基于共同体的规则而非借助其他规则即应自动执行”，那么就可以说，此人与该决定之间具有直接利害关系。

梳理众多针对欧盟委员会经营者集中反垄断审查决定的诉讼判例可见，被欧洲法院认为满足原告资格的第三人当中，包括了集中方案当事人的竞争者、雇员代表组织等。一些案例表明，欧洲初审法院认为，受到欧盟委员会经营者集中反垄断审查决定所附加的救济措施影响的第三人，也是此类诉讼的适格原告。

在 Impala v. Commission 案中，法律争议的焦点是欧盟委员会做出的对于 Sony 与 BMG 公司设立合资公司不予禁止的决定是否合法的问题。此案原告是国际音乐出版商和标签协会，它们代表着 2 500 家独立音乐制作公司，被告是欧盟委员会。经过审查，欧洲初审法院宣告欧盟委员会做出的不予禁止决定无效，理由是委员会的分析不准确，没有事实依据，而且与决定中的其他内容自相矛盾。该案不是欧洲初审法院首次宣告欧盟委员会的经营者集中反垄断审查决定无效的案件，但却是首个无条件不禁止集中的审查决定被宣告无效的判例。[①]

这起案件产生了深远而广泛的影响，尤其是给今后从事经营者集中的各方带来了法律上的潜在的不确定性影响，使人们意识到，即便集中方案依法报经反垄断机构进行了审查，得出了不予禁止集中的决定，这种决定的法律上的稳定性也并非想象的那么稳固，经营者集中反垄断审查决定的可执行结果并非可以完全预见。即便欧盟委员会做出了无条件准予集中的决定，相关当事

① 另可参见 Case T－156/98，RJB Mining v Commission，Joined Cases C－68/94 & 30/95 France v Commission，T－114/02，Babyliss v Commission 案等。

方也有可能在第三人提起的诉讼逼迫之下，改变集中方案，甚至有可能在集中已经实施完毕之后，不得不面临决定被认定无效，从而不得不解散回复到此前的未集中状态。

3．中国的路径取舍

在第三人针对经营者集中反垄断审查决定的异议纠纷解决机制方面，中国应当选择何种路径？笔者以为应当考虑三个方面的因素，那就是：做出基本判断、借鉴国际经验和适应本国法制环境。

在中国，从现有规定来看，对于经过商务部审查而未被禁止的集中的当事方，如果第三人受到该集中方案的损害，以集中方为被告提起民事诉讼，在理论上是可能的，其依据可见《反垄断法》第五十条（“经营者实施垄断行为，给他人造成损失的，依法承担民事责任”）、《反垄断法司法解释》第二条（“原告直接向人民法院提起民事诉讼，或者在反垄断执法机构认定构成垄断行为的处理决定发生法律效力后向人民法院提起民事诉讼，并符合法律规定的其他受理条件的，人民法院应当受理）。不过，《反垄断法司法解释》中明确提及的争议问题只有垄断协议和滥用市场支配地位，并未涉及经营者集中。因此，最高院对于经营者集中是否可被作为导致他人民事损害的事由而纳入司法审查范围的态度，还有待进一步明朗化。

上述分析表明，我国现有的法律制度为第三人针对反竞争的经营者集中通过复议或诉讼途径提出异议留有足够大的空间，但由于缺乏细节规则和成功案例，最高院的态度也还有待明朗，未来是否会发展出健全的第三人异议机制，仍然具有很大的不确定性。

第二章 集中救济措施运行机制的基本问题

第一节 集中救济措施运行机制的基本范畴

一、制度、模式与功能

“运行机制”可以被宽泛地理解为在人类社会的某种运动过程当中，影响这种运动的各因素的结构、功能、及其相互关系，以及这些因素产生影响、发挥功能的作用过程和作用原理及其运行方式，是引导和制约决策并与相关要素的配置、相关活动的基本准则及相应制度，是决定行为的内外因素及相互关系的总称。

本文所称的救济措施运行机制，是对上述运行机制的一般概念在救济措施这一特定问题领域内的体现的指称，简明扼要地说，就是指与救济措施的形成、实施、矫正相关的过程规制方式以及由此引发的相关法律主体之间的交互关系模式。

作为救济措施运行机制的程序法，究其本质而言，属于上述关于广义上的程序法的范畴，但并不等同于通常狭义上所言的诉讼法。这是因为，在不同的国家或地区，其竞争法制为救济措施的运行活动设定了不尽相同的路径，有的受行政机构主导,有的则侧重司法最终解决。由此导致救济措施的运行过程,有可能涉及诉讼、但也未必以诉讼活动为必要手段。

由于我国目前尚不存在完备系统的救济措施运行机制及其配套程序法,在研究和建构程序法制的过程中,也就不可避免地会涉及到对一系列新型实体权利类型的证成和创设。例如,在第一章第四节中论及的第三人对商务部经营者集中反垄断审查决定的异议机制问题,就不单纯是一个程序法上如何为第三人提供异议的法律路径的问题,首先需要讨论的可能反而是一个实体法问题,即第三人是否具有就该决定提出“异议”的权利,以及商务部是否有接受第三人所提复议申请、法院是否有受理第三人所提诉讼的义务。总之,救济措施运行机制的法律制度研究,应以程序法制为研究的重点,但在必要的情况下,也应对有必要创设的或者可能存在争议的某些实体权利义务之有无展开论述。

在我国当前的相关研究当中,学者多瞩目于经营者集中对效率影响的实体问题,但是对救济措施的运行程序问题,特别是救济措施的实施程序、矫正程序还未给予充分重视。然而,救济措施时经营者集中反垄断审查制度的运行当中具有举足轻重的地位。程序机制不正义,则实体问题无意义。研究如何从机制角度为救济措施的良好运行提供支撑,具有十分重要的理论意义和实践价值。

二、展开分析的两个维度

对救济措施运行机制的理解和分析,可以从时序上的线性关系和主体间的交互关系两个重要维度予以展开。

(一) 时序关系的维度

从时间先后关系方面,对救济措施运行机制设计与完善进行的考量,可以按图示如下的维度展开:

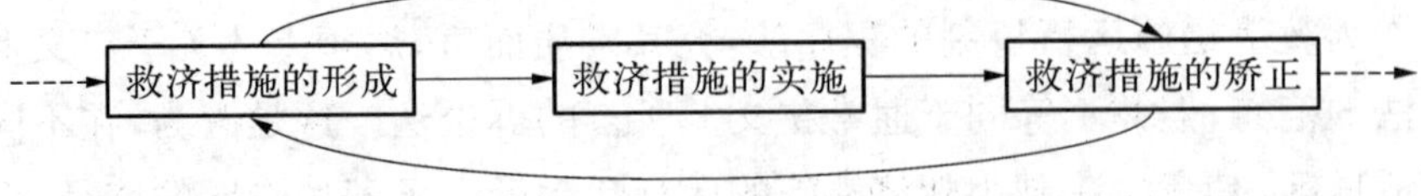

1. 救济措施的形成

救济措施的形成机制研究，侧重于探讨在这一过程当中的下列问题：在当前的实有机制里，哪些主体参与其中？哪些应当参与但未能参与？未能参与的机制障碍是什么？如何克服？所有这些应当参与救济措施形成过程的主体之间，应当具有哪些法律关系？如何运用法律机制规范这些关系的发生与发展？如何从程序设计的角度防止出现不正当救济结果的出现？

2. 救济措施的实施

救济措施运行机制研究在这一阶段至少应当关注如下主要问题：什么主体对救济措施的实施过程负有监督的权利(力)？这些权利(力)的内容有哪些以及通过什么机制得以实现？对于结果救济与过程救济这两类具有不同特点的救济措施，在实施机制方面，在整体上纳入同一机制架构的前提之下，是否有必要设计某些有针对性、侧重性的不同规制手段？如果有必要，那么又当如何设计？

3. 救济措施的矫正

救济措施是基于在做出救济决定之时的情势，以及对未来的可预见的情况的揣度，由集中当事企业、反垄断审查机构或其他相关主体共同参与形成的。在救济措施的后续实施过程中，有可能发现救济措施不再适用、不必适用的情况。如果继续机械、偏执地要求履行该救济措施，不但可能对集中当事企业造成不合理的负担，而且可能会造成竞争效率的无谓损失，那么就应当根据世易时移，相应地做出改变乃至废止已经做出的救济措施之决定。

此外，对救济措施进行矫正还可能出自另一个原因，那就是救济措施在做出之时，相关反垄断专司机构就已经设定了某种期限或条件，当该种期限届满、条件发生与成就之时，即当考虑对救济措施进行改变或废止。

例如，《关于附条件批准希捷科技公司收购三星电子有限公司硬盘驱动器业务反垄断审查决定的公告》(商务部公告 2011 年第 90 号)涉及的案件当中，商务部认为此项经营者集中对硬盘市场可能具有排除、限制竞争效果。为此，商务部就交易双方如何消除上述竞争问题进行了多轮商谈。经过交易双方先后提出多轮解决方案，商务部接受了其提交的最终解决方案，并认为该方案能够减少此项经营者集中对竞争产生的不利影响。在此案审查公告的“审查决定”部分，商务部要求集中当事企业履行若干义务，其中包括但不限于：

（一）在相关市场上维持三星硬盘作为一个独立竞争者而存在；（二）希捷应履行本审查决定作出后6个月内继续维持和扩大三星产品产能的承诺，之后应当根据市场需求状况合理确定三星产品的产能和产量。希捷和三星产品的产能及产量情况应当按月向监督受托人报告。但是，商务部在公告的结尾部分规定，在"本决定实施12个月后，希捷可以向商务部提出解除上述第（一）、（二）项义务的申请。该申请应说明本决定项下附加限制性条件的实施情况和解除上述第（一）、（二）项义务的理由并提供相关证据。商务部将依申请并根据市场竞争状况作出是否解除的决定。"此处的"本决定实施12个月后"，"可以向商务部提出解除上述第（一）、（二）项义务的申请"，就是为矫正案救济措施附加的一种期限约定。①

在救济措施被矫正之后，可能形成新的救济措施决定，而这些救济措施又产生新的形成过程，涉及救济措施的形成机制。在此情形之下，将出现矫正环节向前一环节——救济措施的形成——追溯循环的现象。

（二）交互关系的维度

除了上述线性的、时序的、递进的单向演进关系之外，在救济措施运行机制当中，还会引发众多法律主体之间发生纵横交错的复杂交互关系。

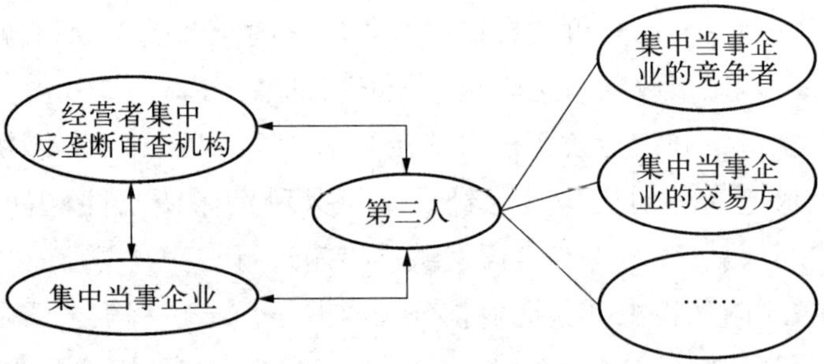

① 与本案相类似，在《关于附加限制性条件批准西部数据收购日立存储经营者集中反垄断审查决定的公告》（商务部公告2012年第9号）中，商务部设定的救济措施要求集中当事企业集中完成后，在相关市场上维持Viviti公司作为一个独立的竞争者存在等，而且在"本决定实施24个月后，西部数据可以向商务部提出解除上述第（一）、（二）项义务的申请。该申请应说明本决定项下附加限制性条件的实施情况和解除上述义务的理由并提供相关证据。商务部将依申请并根据市场竞争状况作出是否解除的决定。"

1. 反垄断审查机构与集中当事企业的交互关系

在反垄断审查机构与集中当事企业之间，可能存在多种关系，试举例如下：

首先是强制审查关系。这种审查与被审查的关系具有法定性、强制性，不以集中当事企业自身的意愿为转移，反垄断专司机构亦不得放弃行使该职权。

其次是平等商谈关系。这种针对救济措施的商谈过程，对于集中企业而言，诚然具有“城下之盟”的意味——如果不能达成一致意见，则面临原定集中意愿无法依法付诸实施的后果，但是否提出关于救济承诺的建议方案、提出何种方案、是否接受反垄断专司机构关于进一步修改承诺建议的要求等等，集中当事企业仍然掌握着充分的自主权，可以基于其自身的商业成本收益分析作出决定。

其三是制裁处罚关系。如果经营者在申报反垄断审查的过程当中，其提交的文件、资料和信息存在虚假、隐匿等情况，那么也有可能遭受反垄断专司机构的处罚；[①]对于未严格履行反垄断机构作出的关于救济措施的审查决定的经营者，亦有做出制裁处罚的可能性。[②]

其四是监管俘获(regulatory capture)关系。如果被监管者愿意向监管者支付足够高的收买价格，那么监管者就会由被监管者“俘获”，监管机制也会沦为服务于被监管者利益的设计和运作。因此，如果反垄断专司机构与集中当事企业之间的交互关系缺乏外部监督，那么反垄断中审查机制就有可能为管制者创造租金。经营者集中反垄断审查机制就会走向其创制初衷的反面。[③]

---

① 例如，根据我国《反垄断法》第五十二条的规定，“对反垄断执法机构依法实施的审查和调查，拒绝提供有关材料、信息，或者提供虚假材料、信息，或者隐匿、销毁、转移证据，或者有其他拒绝、阻碍调查行为的，由反垄断执法机构责令改正，对个人可以处二万元以下的罚款，对单位可以处二十万元以下的罚款；情节严重的，对个人处二万元以上十万元以下的罚款，对单位处二十万元以上一百万元以下的罚款；构成犯罪的，依法追究刑事责任。”

② 例如，在商务部关于日本三菱丽阳公司（简称三菱丽阳公司）拟收购璐彩特国际公司（简称璐彩特公司）的经营者集中反垄断审查公告（商务部公告（2009年第28号））中，商务部要求集中方履行其作出的剥离资产、独立运营璐彩特中国公司直至完成产能剥离等义务，而且明确指出：如果“集中双方违反承诺发生重大违反行为，应支付总金额介于人民币25万元和人民币50万元之间的罚款，具体金额由商务部根据相关重大违反行为的性质及其对中国市场竞争的影响决定”。

③ 例如，经法院审理查明，在原商务部反垄断调查办公室副主任、条约法律司副司长、正局级巡视员郭京毅等人的贪腐窝案中，原商务部外资司副司长、国家工商总局外商投资企业注册局副局长、国家外汇管理局管理检查司司长、资本司司长等，组成了“封闭而自足的技术官僚联盟”，国美并购永乐、法国SEB并购苏泊尔等企业购并的反垄断审查、外商投资审批等，均沦为其寻租空间”，监管者不受监管，“前腐后继”现象难除。见饶智、王延春、康逸梅：《新贵之盟》，载《财经》2010年第12期。

除此以外，一个不容忽视的事实是，在中国的现实国情之下，反垄断执法机构与国有企业之间，还可能具有某些独特的关系。例如，在国务院国资委直管的国有企业（央企）合并集中问题上，《反垄断法》的权威性曾屡受挑战。国资委研究中心人士曾表示，央企重组无需接受商务部的反垄断审查。[①] 商务部和国资委也证实，《反垄断法》生效的前 9 个月期间，国有企业特别是国资委管理的央企合并虽已发生多次，但超过法定申报门槛的经营者集中没有一起向商务部提出过反垄断申报。对于央企自我豁免适用《反垄断法》的做法，自称其"老板"的国资委[②]即便没有支持之意，也有失察之嫌，而商务部未采取任何主动纠正措施，只是重申反垄断法面前各类企业一视同仁的立场，极尽曲折委婉地表达对央企的不满。凡此种种，反映出"大国企的傲慢和反垄断法的弱势"。[③]

除了国企对经营者集中反垄断审查机制可能存在的轻视，这种机制甚至被怀疑有可能成为打击外资企业、维护本国企业——尤其国有企业的一种政策工具。统计结果显示，在被商务部禁止或附加救济措施的经营者集中案件当中，基本上都有涉外成份或者是发生在外资企业之间的集中。总之，与非国有企业相比，国有企业在面临反垄断执法机构时可能具有的优越地位可能的确是一种不容忽视的现实状况。这使得人们有理由对国有企业的经营者集中问题是否能够被按照通常的标准和机制进行公允的处理抱有怀疑的态度，在救济措施的运行机制问题方面，如何看待和处理此类相关问题，亦应值得思索。

2. 反垄断审查机构与第三人之间的交互关系

尽管经营者集中的反垄断审查通常由拟集中的企业提出申报请求而得以启动的，但受到审查结果影响的主体却不仅仅是拟集中的企业，而是包括了广泛的和不特定的众多主体。

(1) 与其他市场主体之间的关系

例如，如果某项集中方案获准实施，可能使市场的竞争格局发生变化，从

---

① 《央企重组不需反垄断审查》，《信息时报》2008 年 8 月 5 日。

② 参见邢飞：《李荣融自称"世上最好老板"："央企要过两年紧日子"》，《北京晨报》2008 年 8 月 11 日。

③ 社论：《大国企的傲慢和反垄断法的弱势》；王毕强：《商务部官员证实联通网通合并涉嫌违法》，《经济观察报》2009 年 4 月 30 日。

而对拟集中企业的竞争对手、上下游产业的经营者以及消费者的利益产生实质性影响。在异常复杂的市场竞争机制作用下，对于这些受影响主体的数量、身份均难以确定，这些受到经营者集中反垄断审查结果实质性影响的"第三人"，是否应当赋予其参与反垄断审查和救济措施运行过程的权利？如果赋予这种权利在理论上是必要的，那么考虑到第三人数量庞大、成分庞杂、利益所受影响难以评估等因素，相应权利的实现机制当如何设计？这些问题均不无疑义。

（2）与其他审查机构之间的关系

在第三人的范畴中，除了一般性的市场主体之外，还有一类较为特殊的主体，那就是与集中案件有直接或间接关联关系的其他本国或域外公共机构。例如，我国《反垄断法》第三十一条规定："对外资并购境内企业或者以其他方式参与经营者集中，涉及国家安全的，除依照本法规定进行经营者集中审查外，还应当按照国家有关规定进行国家安全审查。"2011 年 2 月 3 日国务院发布的《关于建立外国投资者并购境内企业安全审查制度的通知》规定[①]，自该日起 30 日后开始实施对外资并购境内企业国家安全审查制度，并设立以发改委、商务部牵头的部际联席会议承担审查工作，联席会议在国务院领导下，由发展改革委、商务部牵头，根据外资并购所涉及的行业和领域，会同相关部门开展并购安全审查[②]。联席会议的主要职责是：分析外国投资者并购境内企业对国家安全的影响；研究、协调外国投资者并购境内企业安全审查工作中的重大问题；对需要进行安全审查的外国投资者并购境内企业交易进行安全审查并作出决定。按照该规定，外国投资者并购境内企业的安全审查程序，可以有四种启动方式：一是外国投资者向商务部提出申请；二是国务院有关部门、全国性行业协会、同业企业及上下游企业通过商务部提出进行并购安全审查的建议；三是商务部自行提出对并购交易进行安全审查的申请。由此可见，如

① 《关于建立外国投资者并购境内企业安全审查制度的通知》（国办发〔2011〕6 号）没有使用"经营者集中"这种措词表达方式，但是从规定的内容来看，其中所称的"并购"，包括了收购股权、资产等取得实际控制权的行为，与《反垄断法》中的"经营者集中"概念相同。

② 安全审查的范围，包括外国投资者并购境内军工及军工配套企业，重点、敏感军事设施周边企业，以及关系国防安全的其他单位；外国投资者并购境内关系国家安全的重要农产品、重要能源和资源、重要基础设施、重要运输服务、关键技术、重大装备制造等企业，且实际控制权可能被外国投资者取得。见《关于建立外国投资者并购境内企业安全审查制度的通知》第一条第（一）款。

果商务部在依据《反垄断法》对经营者集中进行审查、附加救济措施的同时，发现该集中存在应接受安全审查的情形，那么商务部就可能需要与集中案件反垄断审查的第三人——外国投资者并购境内企业安全审查部际联席会议的其他成员机构，分享集中方案的信息，涉及到安全审查与反垄断审查的衔接、转承关系。根据我国《经营者集中审查办法》(商务部令 2009 年第 12 号)第十六条的规定，“商务部、申报人以及其他单位和个人对于在经营者集中审查中知悉的商业秘密和其他需要保密的信息承担保密义务”。那么，商务部反垄断局与其他公共部门之间的合作，是否应当遵循某些规则、受到一定限制？商务部对集中企业负有的信息保密义务是否适用于与本国其他公共机构的信息披露行为？这些疑问在救济措施运行机制的研究当中也应当予以回应。

此外，与反垄断专司机构可能发生工作关系的公共机构还可能来自其他国家和地区。

(3) 集中当事企业与第三人之间的交互关系

救济措施的实施过程中，如果集中当事企业未能严格履行救济措施的要求，那么第三人——包括与集中企业有直接或间接竞争关系、交易关系的市场主体，或者其他没有利害关系的主体与其之间也可能发生某些种类的关系。

很多反垄断法域都为救济措施的实施过程设置了“受托人机制”，即由集中当事企业向经反垄断专司机构确认同意的主体做出授权，委托其对救济措施的实施过程进行监督或采取某些执行行为。在我国商务部在《关于实施经营者集中资产或业务剥离的暂行规定》中也采用了类似做法，设立了剥离救济措施的监督受托人和剥离受托人实施救济措施机制。不过，关于受托人这种并非集中审查当事企业的第三人，其与集中各方之间、与反垄断机构之间是何种法律关系？受托人在实施救济措施过程中负有的义务性质、责任形式等重要问题，无论是在理论研究还是实务操作当中，均未获得深入探讨，这将不可避免地为受托人机制埋下出现法律争议的隐患。

此外，集中当事企业还可能因第三人对反垄断机构所做的审查决定内容存在异议而发生诉讼关系。与欧盟法中第三人对经营者集中反垄断审查决定有异议须以审查机构为被上诉人进行诉讼不同，美国的《克莱顿法》第 7 条鼓励私人对垄断行为提出诉讼，而且对适格条件做出了相当宽泛的界定，异议第三人有权直接以集中企业为被告提出诉讼，要求法院发出禁止集中的临时禁止令，或者主张被告对其所受垄断损害给予三倍赔偿。例如，在 Christian Schmidt Brewing Co. v. G Heileman Brewing Co. 案[①]中，尽管司法部事先已经对 Heileman Brewing 的收购协议做出了不予禁止的审查决定，但是作为竞争者的第三人还是认为自己因该集中行为收到了“垄断损害”，并请求法院出具禁止令，阻止该集中交易。原告的这些主张和请求得到了第六巡回法院的支持。最后，这项经司法部审查认为不会产生反竞争影响的集中，因第三人的异议诉讼而宣告放弃。[②]

三、国内外相关机制现状简述

欧美地区两种救济措施运行机制的差异，主要体现在机构体制、运行规范和限制条件形成机制三个方面。欧盟模式整体上由具有准司法性质的行政机构主导，而美国则采用行政程序前置的“法院中心主义”；欧盟对剥离措施的规范化程度较高，而美国更愿意强调个案处理和限制条件的灵活性；欧盟限制条件的形成机制相对封闭，基本由竞争执法当局与集中当事人双方磋商确定，美国则有程序性规定，涉及一定程度的信息披露、不同机构之间的权力制衡，以及对社会公众评价意见的收集。

我国法学界自上世纪 90 年代中期开始了对经营者集中反垄断规制问题进行研究，前辈学者的研究内容主要集中在审查程序、审查标准两个方面，研究视域基本为反垄断审查决定作出之前的阶段，研究路径主要是译介评析外国法律制度和经济分析方法，对救济措施问题较少涉及。《反垄断法》生效后，商务部被指定负责经营者集中的反垄断审查工作，下属反垄断局工作人员对外国限制条件的制度建设与执法经验进行了较为深入的比较研究，并有成果结集出版。商务部还颁布了《关于实施经营者集中资产或业务剥离的暂行规定》和《经营者集中审查办法》两则涉及限制条件的部门规章，公告了对若干集中案件附限制性条件的批准决定。上述著述和文件虽然未必都是严格意义上

① Christian Schmidt Brewing Co. v. G Heileman Brewing Co. , 753 F. 2d 1354, 1356 (6th Cir. 1985).

② 关于此类案件的专门性研究，可参见 Ronald W Davis, Private Litigation under Section 7 of the Clayton Act: Law and Policy, American Bar Association, 1989.

的学术研究成果,但却是对现有理论认识的系统整理与实践运用,代表了我国限制条件问题研究的前沿水平。此后,学术界关于救济措施问题的研究也开始跟进,出现越来越多的专著和论文。关于反垄断法的机制问题,在我国已有从实施机制、私人实施机制、国际协调机制、诉权等角度着手进行研究的成果。[①] 对于经营者集中救济,也出现了一些涉及或实际侧重从机制方面开展的研究。[②]

我国在救济措施运行机制的实务制度构建方面,已经取得了一些重要的进展,主要体现在制定实施了《经营者集中审查办法》、《关于实施经营者集中资产或业务剥离的暂行规定》、《关于经营者集中附加限制性条件的规定(试行)》等规范性法律文件。

2010 年商务部颁行的《经营者集中审查办法》(商务部令 2009 年第 12 号),在涉及救济措施的运行方面,涉及了如下机制:

信息搜集机制——在审查过程中,为了形成必要和合理的救济措施,参与集中的经营者可以通过信函、传真等方式向商务部就有关申报事项进行书面陈述、申辩,商务部应当听取当事人的陈述和申辩。商务部可以根据需要征求有关政府部门、行业协会、经营者、消费者等单位或个人的意见,还可以主动或应有关方面的请求决定召开听证会,调查取证,听取有关各方的意见;救济措施建议机制——在审查过程中,为消除或减少经营者集中具有或者可能具有的排除、限制竞争的效果,参与集中的经营者可以提出关于救济措施的建议,此类建议应当能够消除或减少经营者集中具有或者可能具有的排除、限制竞争效果,并具有现实的可操作性。救济措施的书面文本应当清晰明确,以便于能够充分评价其有效性和可行性;救济措施修改机制——为减少或消除经营

---

① 可参见李国海:《反垄断法实施机制研究》,中国方正出版社 2006 年版;李俊峰:《反垄断法的私人实施》,中国法制出版社 2009 年版;刘宁元:《反垄断法域外管辖冲突及其国际协调机制研究》,北京大学出版社 2013 年版;张瑞萍:《反垄断诉权保障机制研究》,立信会计出版社 2013 年版;王俊豪、肖兴志、唐要家:《中国垄断性产业管制机构的设立与运行机制》,商务印书馆 2008 年版;谢地、刘佳丽:《垄断行业监管机制的法经济学研究——监管机制、体制与制度协调论》,经济科学出版社 2013 年版,等等。

② 可参见韩立余:《经营者集中救济制度》,高等教育出版社 2011 年版;潘志成:《经营者集中反垄断审查的裁决程序》,法律出版社 2012 年版;丁茂中、林忠:《经营者集中控制制度的理论与实务》,复旦大学出版社 2012 年版;韩伟:《经营者集中附条件法律问题研究》,法律出版社 2013 年版;朱识义:《外资参与经营者集中国家安全审查制度研究》,浙江大学出版社 2014 年版,等等。

者集中具有或者可能具有的排除、限制竞争效果，商务部和参与集中的经营者都可以提出对救济措施进行修改的意见和建议；救济措施监督机制——对于附加限制性条件批准的经营者集中，商务部应当对参与集中的经营者履行限制性条件的行为进行监督检查，参与集中的经营者应当按指定期限向商务部报告限制性条件的执行情况；救济措施救济机制——针对参与集中的经营者中未履行规定的救济措施的单位或个人，商务部可以责令其限期改正；参与集中的经营者在规定期限内未改正的，商务部可以依照《反垄断法》的相关规定予以处理。

2010 年商务部颁行的《关于实施经营者集中资产或业务剥离的暂行规定》（商务部公告 2010 年第 41 号）虽然被 2014 年颁行的《关于经营者集中附加限制性条件的规定（试行）》所取代，但它首次在我国创设了剥离措施实施过程中的受托人机制。

监督受托人机制包括：监督受托人选任机制——剥离义务人应当在商务部做出审查决定之日起 15 日内向商务部提交监督受托人人选；监督受托人报告机制——监督受托人向商务部负责并报告工作。未经商务部同意，剥离义务人不得对监督受托人发出指示；未经商务部同意，监督受托人不得向剥离义务人披露其在履行职责过程中向商务部提交的各种报告。

剥离受托人机制包括：剥离受托人选任机制——剥离义务人应当在进入受托剥离阶段 30 日前向商务部提交剥离受托人人选；剥离受托人报告机制——未经商务部同意，剥离受托人不得向剥离义务人披露其履行职责过程中的信息，剥离受托人应当向商务部定期报告其履行职责的进展情况；受托剥离机制——如果剥离义务人未能如期完成自行剥离，则由剥离受托人按照审查决定规定的期限和方式找到适当的买方，并与买方达成出售协议及其他相关协议。

第二节 集中救济措施运行机制的基本原则

一、观点梳理

(一) 既有主张

关于与经营者集中反垄断审查及救济措施相关活动中应予遵循的基本原则,域外的执法司法、理论研究、实务部门等各界人士与机构已多有论及。其中影响力较为深远广泛的包括:美国司法部反垄断局于2004年和2011年发布两个版本的《集中救济政策指南》[①]中提出的五项基本"指导原则"(Guiding Principles),即"无垄断不救济"、"事实—法律—经济学"、"保护竞争/不保护竞争者"、"可执行"和"监督确保执行"等原则;一些官员、学者提出的"承认预见能力有限"和"灵活性"原则等[②];有的国际反垄断执法协调促进组织提出的"主权"、"透明度"、"非歧视"、"程序公平"、"有效/高效"、"协调"、"趋同"和"保密"等原则[③]。

1. 无垄断不救济原则

所谓"无垄断不救济原则"(Not Accept a Remedy Unless There Is a

---

① See Antitrust Division of U. S. Department of Justice, Antitrust Division Policy Guide to Merger Remedies, October 2004/June 2011.

② See William J. Kolasky (Deputy Assistant Attorney General Antitrust Division, U. S. Department of Justice), Comparative Merger Control Analysis: Six Guiding Principles for Antitrust Agencies — New and Old, Presented at the International Bar Association Conference on Competition Law and Policy in a Global Context Cape Town, 2002, http://www.justice.gov/atr/public/speeches/10845.pdf

③ The International Competition Network Guiding Principles for Merger Notification and Review, http://www.internationalcompetitionnetwork.org/uploads/library/doc591.pdf

Sound Basis for Believing a Violation Will Occur)是指，除非执法者能够基于充分的依据，确信经营者集中违反《克莱顿法》第 7 条，且导致“垄断损害”而非其他类型的损害的后果，否则不应依据反托拉斯法采取救济措施；即便参与经营者集中的各方审查机构主动提出采取救济措施的方案或建议，执法机构也不应允采取救济措施。

2. 保护竞争及不保护竞争者原则

“保护竞争”被视为是“反垄断救济问题的核心”[①]，美国司法部宣称，这是草拟和评估救济措施方案时应予考虑的“唯一恰当目的”(the only appropriate goal)[②]；保护竞争关注的是设法使市场竞争的激烈程度恢复至受损害之前的水平，对经营者集中或可能已经导致的“竞争强度损失”(competitive intensity lost)进行矫正。

“不保护竞争者原则”是指在追求竞争保护目的的同时，应当防止步入以保护某些竞争参与主体替代或视同为保护竞争的误区[③]。

由此可见，“保护竞争”与“不保护竞争者”之间的区别界限，并非如同这两个词汇看上去那么容易区分。如果操作尺度把握不当，救济措施就极有可能沦为由政府有形之手代替市场无形之手，扶助或打压某些市场竞争者从而制造、遴选出成败者的工具。对于反垄断救济措施具有的这种误用、滥用风险，经营者集中反垄断审查机构应当时刻保持警醒。

3. 承认预见能力有限原则

“承认预见能力有限原则”(Realize That Our Predictive Capabilities Are Limited)是指作为反垄断执法部门，其本身定位应当是竞争秩序的干预者，其职责并非对某种经济产业领域发展进行预测或引导。因而，应当始终认识到

---

① United States v. E. I. du Pont de Nemours & Co., 366 U. S. 316, 326 (1961).

② Antitrust Division of U. S. Department of Justice, Antitrust Division Policy Guide to Merger Remedies, October 2004.

③ 美国的判例法反复强调了这一原则主张，即救济措施决定当中条款内容，应当旨在整体上实现对受损竞争状态的提升，从而实现对竞争秩序的“重建”(reestablishing competition)，而非使得特定的竞争者获益或受到保护。See E. g., Brooke Group Ltd. v. Brown & Williamson Tobacco Corp., 509 U. S. 209, 223 (1993); Spectrum Sports, Inc. v. McQuillan, 506 U. S. 447, 458-59 (1993); Atlantic Richfield Co. v. USA Petroleum Co., 495 U. S. 328, 338 (1990); Cargill, Inc. v. Monfort, Inc., 479 U. S. 104, 116-17 (1986); Brunswick Corp. v. Pueblo Bowl-O-Mat, Inc., 429 U. S. 477, 488 (1977); Brown Shoe Co. v. United States, 370 U. S. 294, 320 (1962); Massachusetts v. Microsoft Corp., 373 F. 3d at 1211, 1230; United States v. Microsoft Corp., 253 F. 3d at 58.

其对产业发展未来前景的预见能力是非常有限的。

因此，当拟进行集中的经营者的同业竞争者基于自身利益对集中提出异议时，执法机构应当以严谨的事实和实证证据为基础，对这些意见进行辨识考量。

4. 灵活性原则

"灵活性原则"(Be Flexible and Forward Looking)是指经营者集中反垄断审查机构应当认识技术革新为经济活动带来的新现象、新问题，针对经营者集中的救济措施能够保持灵活性、动态性和开放性，以期与其所规制的产业领域相适应。

在新经济时代，规制机构的不当执法活动所产生的成本提高，过度干预会打击创新并抑制效率和消费者福利的提高。这就要求反垄断执法者不拘泥于固有的僵化规制思路和救济方式。

5. 可执行原则

"可执行原则"(The Remedy Must Be Enforceable)强调救济措施本身应当具有可以和易于被执行的外在特征与内在效力。

其次，救济措施应当具有可强制执行的效力以及足以促使集中当事方主动执行救济措施的威慑力。救济措施的要求不应当成为泛泛而谈的宣示，而应当是具体的、可核查的和有针对性的。违反救济措施要求的法律后果应当明确，承担法律上不利后果的责任主体应当明确，其严厉程度应与违反救济措施要求所可能造成的损害后果相匹配。

6. 监督执行原则

具体说来，"监督确保执行原则"(Commit the Time and Effort Necessary to Ensure Full Compliance with the Remedy)首先要求在起草救济措施的文稿条款之时，就考虑到在进行报告和提供信息方面为当事方设定足够充分的义务，以便于执法者知晓救济措施的实施状况；其次，执法机关自身应当持续性地致力于(包括投入时间、人力、财力等必要资源)确保救济措施的实施或强制执行。

7. 主权原则

"主权原则"(Sovereignty)是对各个法域的独立适法权威的承认和尊重，意味着各法域有权按其当地法律对经营者集中进行规制。

这一原则是国际法中的国家主权原则在竞争法领域的延伸和具体适用体现。

8. 透明原则

“透明原则”(Transparency)强调的是拥有反垄断审查权的机构应保证被审查的集中当事者、其他利益相关者的知情权，以及执法机构因该知情权而相应负有的信息披露义务。

9. 非歧视原则

“非歧视原则”(Non-discrimination)是指竞争执法当局不应因申报进行经营者集中反垄断审查的当事主体的国籍身份不同，而在适用竞争法时给予差别对待。

10. 程序公平原则

“程序公平原则”(Procedural Fairness)包含了四方各方面的含义：反垄断审查机构在做出不利于经营者集中的审查决定之前，应将其关切的竞争问题及其所依据的事实理由告知给集中各方；接到“不利结论预告”的拟集中各方经营者，应被赋予就相关问题表达意见的权利；如果有关当事人对于反垄断专司机构做出的审查决定不服，那么应当确保当事人将该决定交由一个独立的裁判主体进行审查；认为自身利益将受到拟进行的集中交易损害的第三方，应被允许在经营者集中反垄断审查程序中就其观点做出陈述。

11. 有效/高效原则

此外，审查活动应当在合理的确定时限内完成，而不应久拖不决。这就要求审查程序机制的设计应当为各个审查阶段——包括救济措施的形成和实施，设定明确的时限要求，使审查机构负有在法定时限内完成其执法活动的义务，同时也帮助拟实施集中的经营者其能够较为明确地预测获得审查结果的时间节点。

12. 协调原则

对于经营者集中这样一种日常发生的市场交易行为，一个由不同法域共同参与的全球性规制系统事实上已经形成。一项拟进行的经营者集中，可能同时触及多个竞争执法机构设置的门槛条件(这些条件通常是集中各方在境内外的营业额或占据的市场份额)，因而须向多个当局提出申报，接受它们的

“平行审查”[①]。这种现象几乎堪称人类法制史上的一个“奇观”，因为除了反垄断案件（尤其是对经营者集中的反垄断审查）之外，还从来没有其他类型的案件被各国执法机构如此大量、频繁地同时施以管辖权。

针对这种情况，ICN 建议各法域的竞争执法当局在审查同一起经营者集中案件的时候遵循“协调原则”（Coordination），即在依据其当地法律独立开展执法活动的同时，彼此相互合作与协调，以提高执法效率，改善执法效果，并且降低集中当事企业最终未能实现集中却需要在反垄断审查程序当中的长期等待所引发的交易成本。

13. 趋同原则

尽量消减世界各地经营者集中反垄断审查程序的差异性与隔阂性，根本目的仍然在于降低拟实施集中的经营者在申报和接受反垄断审查过程中的合规成本，也便利相关法律专业人士在全球范围内为其客户就竞争执法做出合规评估。

14. 保密原则

经营者集中反垄断审查程序应当对在此过程中获取的有保密需求的信息提供保护。

（二）归纳述评

上述原则的倡导者们认为，遵循这些原则有助于使经营者集中反垄断审查活动更加有效、高效，减少时间延搁等给拟集中各方带来的成本。在这些原则当中：

一部分是适用于救济措施实体法律问题的原则，例如“无垄断不救济”、“事实—法律—经济学”、“保护竞争/不保护竞争者”、“可执行”等。这些原则对于明确经营者集中反垄断审查救济制度的价值目标、分析评估标准具有重要的指导意义；

一部分是对反垄断机构执法理念的要求，如“承认预见能力有限”“灵活性”原则等，即应当对市场自身矫正修复经营者集中可能带来的反竞争影响的

① 例如，在“百特收购金宝案”（Baxter/Gambro）中，集中方向澳大利亚、欧盟、美国、中国、巴西、韩国、加拿大、土耳其和乌克兰都提交了反垄断审查申请。见 Baxter International Inc.，Notice Seeking Clearance pursuant to Section 66 Commerce Act 1986 by Baxter International Inc. http://www.comcom.govt.nz/dmsdocument/10882

能力抱有足够的尊重和信赖，而不应迷信和滥用执法权以对经营者集中施加不必要的过度干预；

还有一部分是从处理解决不同法域之间的竞争执法冲突、消减经营者接受多个法域的反垄断机构平行审查的代价成本的角度考虑提出的，如“主权”、“非歧视”、“协调”、“趋同”等原则；

此外，从程序法的角度提出的原则，有“监督确保执行”、“透明度”、“程序公平”、“有效/高效”、“保密”等原则。这些原则对于研究经营者集中反垄断救济措施运行机制问题研究具有尤为重要的参考价值。不过，直接照搬这些原则，将其当做救济措施运行机制设计当中应当遵循的基本原则，或有欠妥当，但是其中蕴含的思路想法颇值得借鉴。

例如，所谓“程序公平原则”，从其具体包含的内容看，实际上涵盖了反垄断审查专司机构的“不利结论预告义务”，拟实施集中的当事企业的“不利结论预先抗辩权”，对不利结论的“司法救济请求权”以及利害关系第三人对审查程序的表达权。这些权利当中，有些是技术性的权利义务设定(诸如“不利结论预告义务”，“不利结论预先抗辩权”)，有些属于对司法最终解决原则的具体化(例如“司法救济请求权”)，有的则属于经营者集中反垄断审查程序当中有必要给予特别考虑的重要基本权利类型(第三人的表达权)。仅以程序公平这种表达方式概括，不利于对其中包含的性质、重要性不同的内容加以区分，从而不利于对立法司法与执法实践发挥清晰明确的指导作用。

“有效/高效原则”强调的是在经营者集中反垄断审查机构收集获取信息行为与拟集中当事企业所承担的信息供给成本之间的均衡性。其实，这一原则几乎对于任何法律程序而言都可以是适用的。作为管辖机构，不因其职权行为而给相对方造成不必要的损害，这是内在的蕴含于法治文明中不言而喻的行为准则。当然，这一原则作为 ICN 将向全球经营者集中反垄断执法当局特别推荐的信条，自然有其特定的语境和现实环境。由于不同法域的审查时限要求差异较大[①]，多个法域针对一项集中案件先后做出救济决定的情况非常

---

① 各国集中审查制度关于时限的规定不尽相同，有的甚至差异悬殊。例如，巴西和印度最长可达 330 天和 220 天，而玻利维亚和乌兹别克斯坦则只有 30 天和 40 天。See John Davies eds, Merger Control 2014: The international regulation of mergers and joint ventures in 75 jurisdictions worldwide, Law Business Research Ltd, 2013.

普遍。假如某项集中须同时接受 n 个国家的反垄断审查(符合这些地区的法律规定),那么当 n−1 个国家已经表示不持异议,但还有最后一个国家没有作出决定时,对集中方而言,该项集中的合法性仍然是不确定的,只有等到行动最迟缓的那个国家"扔出最后一只靴子"之后,一切才能尘埃落定。因此,最拖沓的执法机构才是全球救济机制整体运行效率的最终决定者,甚至有可能是集中"合法"与否的最终裁定者。其他国家,无论其执法效率多么低下,只要不是最拖沓的那一个,都不会对集中交易造成实质性的延搁。换句话说,个别法域的反垄断当局拖沓的工作节奏,可能成为拖累某个拟集中案件在全球范围内的实际完成。因此,ICN 才特别强调审查活动应当在合理、确定和尽量快捷的时限内进行。考虑到中国的经营者集中反垄断审查程序规定了相对较为快捷的"30+90+60"时限[①],而且本文研究的主题是中国的经营者集中救济措施运行机制问题,不必特别关注其他法域的时效问题,故而笔者认为这一原则的合理成分应当被吸纳为救济措施运行机制当中的原则。

"保密原则"对于拟实施集中的当事企业而言具有重要意义。在向反垄断当局作出申报以及其此后的审查过程中,当事企业可能难以避免地需要向审查机构披露其生产经营信息、技术信息、管理信息,此类信息可能是当事企业赖以维系其竞争优势地位的关键,一旦被反垄断审查机构滥用或对外披露,将给当事企业造成难以估量的损害。因此,令审查机构及其工作人员对申报企业的相关信息承担保密义务是确有必要的。然而,从对经营者利益保护这一目的性角度来看,信息保护只是实现保护的手段之一,其基本思想仍然是使经营者不因接受反垄断审查而承担超出必要限度的成本。因此,虽然在反垄断审查当中保护经营者是必要的,但是单独将保密这一保护措施作为指引救济措施运行机制设计及运行的基本原则并无必要。

"监督确保执行原则"救济措施应当为集中当事企业设定足够充分的信息报告义务,便于执法者知晓救济措施的实施状况,而执法机关自身也应当持续性地致力于确保救济措施的实施或强制执行。该项原则的内容对于救济措施

① 即在收到经营者提交的充足的文件资料之日起的三十日内完成"初步审查",做出是否实施"进一步审查"的决定;做出不进一步审查的决定或者逾期未作出决定的,经营者可以实施集中;决定实施进一步审查的,应当自决定之日起九十日内审查完毕,作出是否禁止经营者集中的决定;特定情形下,进一步审查的期限,可以延长不超过六十日。

的运行机制而言也非常重要，应予借鉴汲取。

“透明度原则”强调的是反垄断审查执法机构负有的信息披露义务，以保障集中当事者、其他利益相关者对与审查相关的政策、程序、活动等方面信息的知情权。该项原则应当被作为救济措施运行机制的基本原则之一，而且其内容内涵应当有丰富的扩充，下文将另有详述。

二、本文观点

本文认为，在经营者集中反垄断救济措施制度的建构与运行过程中，应遵循的最基本的原则至少有四项，即体系原则、透明原则、参与原则、效率原则。

（一）体系原则

所谓体系原则，就是指与经营者集中反垄断救济措施相关的运行机制应当是一个系统、完备、自洽的整体，相关法律制度的设计，应当基于救济措施所负载的价值、应当具有的功能、自身的法律性质、与相邻法律制度的衔接关系，从整体、系统、全局性的视角出发，从厘清救济措施运行的基本组成部分、各个组成部分之间的关系和各组成部分内部的结构入手，构建成为一个具有内在逻辑、合理架构和可操作细则的机制体系。

1. 救济措施运行过程的复合性

救济措施产生于经营者集中反垄断审查活动当中，如果对于这一审查活动的定义范围的不同，就会对救济措施与审查活动之间的范畴关系产生不同的理解，这将影响到对救济措施运行机制的整体性认识。

从广义上看，经营者集中反垄断审查不仅包括对集中案件的审核、评估，救济措施的商谈、确定和公布，而且应当包括救济措施的后续变更、异议解决、监督执行等重要环节。在此意义上，经营者集中反垄断审查并不止于审查活动的终结，而是在审查决定做出和生效之后，继续延伸至救济措施的变更、实施或矫正过程中去，直至救济措施完全执行完毕或者已经没有必要继续执行之日为止。因此，广义的经营者集中反垄断审查不是单纯的字面意义上的“审查”，更恰当地说，它是由专司机构（通常是行政执法机构——例如中国的商务部，或者具有准司法权专门性机构——例如美国的联邦贸易委员会）负责实施的对经营者集中的反垄断“规制”活动。

然而,纵观世界主要反垄断法域的相关制度,在立法层面(无论是成文法抑或判例法)对救济措施的产生、确定、实施、救济、变更、执行、监督、制裁等各个复合环节均已作出明确规定者,尚不存在。从反垄断法相对发达地区的经验来看,解决这一问题的模式是:以反垄断立法确认经营者集中反垄断审查的基本规范,由具体有关机构制定和颁布针对包括后续各运行环节的操作性指引,或局部的补充性立法。

以欧美地区为例,对经营者集中的竞争效应分析、救济措施的内容研究,已较为成熟发达。但是关于救济措施的“确定后阶段”运行的方面,仍然缺乏稳定的法律制度保障,在实践中涌现的大量问题,使救济措施的实施效果大打折扣[①]。

例如,在我国的《反垄断法》中,关于救济措施的规定,只有第四章中关于反垄断执法机构做出救济决定的简略的程序性规定,第四十八条当中对违法集中实施行政处罚的原则性规定、第五十三条中涉及的对审查决定不服可以诉诸行政复议和行政诉讼程序的规定,缺乏对“确定后阶段”法律问题的梳理分析,没有具体的操作规范,无法满足解决救济措施现实运行过程中诸多疑难问题(例如第三人对审查程序、救济措施产生过程的知情权、异议权是否应当以及如何进行保障,集中审查中的相关信息披露与拟集中当事企业的商业秘密保护之间如何平衡,救济措施是否可以及应当如何进行变更、撤销、解除、强制执行,反垄断司法审查与行政执法决定之间的效力与关系如何安排等等)的需要。

2. 救济措施制度规范的变动性

为了适应市场竞争方式、反垄断经济学的发展变化,说到底是人们对竞争与垄断问题的观念的不断深化,反垄断法律制度在保持基本框架相对稳定的前提下,在一些具体的技术性、操作性规范方面保持相当程度的变动弹性,是必要和适宜的。这也部分地解释了,世界上各竞争法发达法域对于经营者集中反垄断审查救济措施相关制度的经验做法,为何多以稳定、抽象、简略为基

---

① See European Commission DG COMP, Merger Remedies Study, Public version, October 2005, http://ec.europa.eu/competition/mergers/legislation/remedies_study.pdf.

本立法，辅之以变动、具体、详尽的操作指南①。

体系原则，要求在更新制度时，不应只关注局部问题的解决，还应当与特定环节的上下游相匹配衔接，使其成为救济措施运行机制整体当中的有机组成部分。

3. 救济措施法律性质的多元性

本文第一章曾对救济措施的法律性质进行分析，指出在不同的法域和法制环境下，对救济措施可以做出不同的性质定位。这种差异性会对救济措施的运行机制，尤其是“确定后阶段”的救济措施运行问题产生重要影响，使不同法域的救济措施的后续实施、异议处理、监督执行等适用不同性质的法律制度，步入不同的法律解决途径。

习惯于从欧美现成的制度、文本中移植照搬的中国反垄断立法者和执法者，在救济措施运行机制问题方面，当然没有理由不采取拿来主义。在这种情况下，有权机构应当清醒认识到，救济措施在中国以及欧美法域可能具有的不同的法律性质，进而对异域法制采取有目的、有鉴别的取舍。在此过程中，应特别注意将救济措施运行机制的建构与完善问题，置于中国现行民商、行政实体法和程序法的整体环境当中，从救济措施运行的体系，乃至从与中国法制体系相适应的角度考虑问题，才能防止移植而来的域外经验在中国出现异质排斥、水土不服的现象。

4. 救济措施主体关系的复杂性

在中国的《反垄断法》文本里，与经营者集中反垄断救济措施运行相关的法律主体，似乎只有两方——反垄断执法机关（现实当中即商务部），拟实施集中的经营者，实际情况远非如此，可能卷入救济措施运行问题的主体数量、主体之间的关系要复杂得多。

经营者集中之所以成为反垄断法规制的对象之一，原因在于某些集中已经不仅仅对特定当事人之间的权利义务状态会产生影响，而是可能其他第三方，甚至包括不特定的利益群体成员产生负的外部性。这种对第三人的不利

① 即使是在判例法国家，经营者集中反垄断审查执法机构采取的救济措施也并非可以从既往案例中获得稳定的预期，而是“可能随着其运用法律经验的积累以及政府的换届而改变”。见美国律师协会反垄断分会编：《企业并购前的协同：关于抢先合并与信息交换的新规则》，郝倩等译，北京大学出版社 2011 年版，第 6 页。

影响是反垄断执法机关在评估集中方案的消极效应时必须考虑的问题。因此,某些第三人与经营者集中反垄断审查活动之间,可能具有内在的、不可分割的利害关系。这些利害关系第三人与执法机关、集中当事人之间,在救济措施的商讨、形成、实施、变更、异议过程中应当具有何种法律关系,我国的《反垄断法》没有涉及,商务部的反垄断规章、指南当中也语焉不详。如何处理解决其法律主体地位、主体间关系,是救济措施运行机制设计当中应予解决的问题。

上述种种问题表明,救济措施运行机制的参与主体众多,关系复杂,运行机制问题研究既要小处着手,更要大处着眼。以整体大局眼光,从体系建设的高度,开展对局部问题的研究,有助于使各项具体研究成果有机统一在运行机制的整体架构之内。

(二) 透明原则

在本文的语境下,透明原则是指为了实现执法结果的一致性、可预期性和公平性,经营者集中反垄断审查的相关政策、程序、实践、做出审查决定的主体身份、对经营者集中申报作出规制性执法决定所依据的事实,救济措施实施过程中的必要信息,应当透明。

透明原则应当贯穿于救济措施运行的全部过程,包括救济措施的商讨谈判阶段、形成决定阶段、实施执行阶段、异议解决阶段等。应予公开的信息内容包括所有为了实现促使反垄断机构勤勉尽责、提高经营者集中救济执法质量、增进社会各界从救济执法当中公平获益、推动经营者遵守集中救济制度之目的而有必要公开之内容。

可以考虑在接受经营者集中反垄断申报之后的第一时间,就由执法机构公开拟集中当事企业的名称、住所,当事企业的注册名称为其他国家语言文字、住所在其他法域的,还应以其注册时使用的语言文字公开。同时,应披露集中方案的核心内容;①

---

① 在中国的经营者集中反垄断审查程序当中,目前尚无此项法定要求,但是根据商务部反垄断局《关于经营者集中申报的指导意见》第二十四条的规定,"申报人应当同时提交申报文件、资料的书面保密版本和公开版本,以及包括上述全部内容的电子光盘各一套。申报人应当对申报文件、资料中的商业秘密和其他需要保密的信息进行标注",由此可见,按照该规定要求,在集中审查申报方提交的申报材料当中,技术上已经有对审查机构之外的其他主体公开申报资料的"消密"准备,这就为未来的实际公开奠定了基础。

在救济措施的磋商阶段，执法机构应将其认为有必要限制或禁止集中的初步结论与事实理由，向集中当事企业充分披露，给予当事企业适当的期限提出异议或关于救济措施建议；

在救济措施的形成确定阶段，执法机构应将其拟接受的救济承诺方案完整地向社会公众披露，并对其认为原集中方案具有反竞争效应的事实理由、拟施加的救济措施何以能够消除反竞争效应，做出阐释说明，并接受公众评议；

对于认为不存在反竞争效应，决定无条件不禁止的经营者集中，反垄断执法机构应在作出此类决定的第一时间，拟向集中当事企业及社会公众公开；

对于救济措施的实施阶段，应当公开确保集中当事企业执行救济措施的保障性机制，包括与监督执行相关的程序、主体和责权关系，以及当事企业执行救济措施的动态情况。应当为社会公众或利害关系人，提供有利于其开展监督和促进救济措施执行的必要信息。例如，在结果救济措施[①]执行过程中，可考虑通过公共信息平台，发布交易要约信息（如待剥离资产的情况、交易意向等信息），促成对集中当事企业和其他利益主体都更加公平、公正的救济结果。

关于对既有救济措施的矫正阶段，应当明确修订救济措施的程序机制，在讨论修订方案建议的阶段，应公开执法机构的初步意见和事实理由，并接受公众评议。矫正决定作出后，亦应在第一时间公开，并参照救济措施实施阶段的透明原则要求执行信息公开。关于对救济措施所持异议争议的解决阶段，应在既有的法律争议解决机制框架下进行信息公开，或者根据此类争议的自身特点，对争议解决机制进行创造性、适应性的发展。

实现信息公开机制透明的具体方式不一而足，可以通过制定颁布相关法律法规、执法指南等形式，将反垄断专司机构的执法依据公之于众；可以通过执法机构负责人员的演讲、访谈，公开表达官方的意见倾向；对于个案中需要披露的文本信息，可以在特定的网站刊载，供全社会的互联网用户浏览下载；此外，反垄断执法机构还应考虑制作发布定期的（例如每年度）经营者集中反垄断救济工作报告，或者是针对救济措施运行情况的专项工作报告、实证研究报告，以便总结经验教训，阐释执法标准，宣扬竞争理念、增进信息透明，从而

① 关于“结果救济”即与其对应的“过程救济”的含义，参见本文第一章第二节的界定。

使社会各界对其执法工作有更深入、准确的了解，能够提出更有针对性的批评建议，同时也更好把握自身行为的合法性边界。

（三）参与原则

所谓参与原则，是指救济措施的运行机制应当向集中当事企业和利害关系人充分开放，向社会公众适当开放，向他们提供介入救济措施的商讨、确定、实施、矫正过程的渠道，便于其表达意见，保护其合法利益。[①]

某项产业经营者集中可能对相关经营者的竞争对手、上下游产业的经营者以及消费者的利益产生实质性影响。在复杂的市场竞争机制作用下，这些受影响主体的范围之广、数量之大实难估量，估计这些主体可统称为与经营者集中有关联关系的第三人（简称“第三人”）。既然第三人与反垄断审查结果存在实质上的利害关系，那么是否应当赋予其参与审查过程（包括救济措施的运行过程）的权利（简称“第三人参与权”）？如果赋予这种权利在理论上是必要的，那么考虑到第三人数量庞大、成分庞杂、利益所受影响难以评估等因素，相应的权利实现机制当如何设计？这些问题亟需得到重视和解答，因为第三人能否和以何种方式参与其中，关系到众多市场竞争主体的切身利益、经营者集中反垄断审查机制的基本结构，进而会对反垄断法的整体实施状况产生深远影响。遗憾的是，我国的反垄断立法没有对这些问题作出明确规定，商务部的执法活动也未能提供明确的答案。

对于第三人参与之于经营者集中反垄断审查的重要性，商务部已有相当程度的认识，并尝试通过自行颁布操作规范，扩大第三人参与相关程序的渠道。例如，商务部推出的“经营者集中简易案件公示”制度，[②]对申请使用建议审查程序的集中案件的名称、交易概况、参与集中的经营者、要求适用简易案件的理由等作简要公开。“在公示期内，任何单位和个人（第三方）均可对该案是否应被认定为简易案件向反垄断局提交书面意见。第三方认为公示案件不应被认定为简易案件的，应在公示期内向反垄断局提出异议，并提供相关证据

① 参见李俊峰：《论不特定第三人对企业合并反垄断审查的参与权》，《云南师范大学学报》（哲学社会科学版）2012年第6期。

② 见《关于经营者集中简易案件申报的指导意见（试行）》，http://fldj.mofcom.gov.cn/article/c/201404/20140400555353.shtml.

和联系方法。反垄断局应对第三方的意见和证据进行核实。”类似制度未来有进一步改进和推广的必要。

将保障第三人对救济措施运行程序的参与权作为一项原则，其功能价值的重要性至少体现在以下几个方面：

首先，只有确认和保障第三人的参与权，才能确保审查机构掌握必要的决策信息。监管的有效性取决于监管主体对监管对象信息的掌握程度。[①] 与一般的执法活动仅须关注特定主体的特定信息不同，作为对市场竞争秩序的预见性保护机制，经营者集中反垄断审查具有“严重的信息依赖症”，其须关注的市场竞争主体是不特定的，竞争信息是海量的。一个不允许第三人主动参与其中的反垄断审查机制，其信息来源渠道必然单调狭窄，决策者难以全面获悉拟集中企业、第三人在相关市场竞争中的地位、利益及其可能因集中作出的反应、受到的影响，也无法对信息的真实性、完整性进行比对甄别。在片面和虚假的信息基础上作出的反垄断审查决定，自然不能指望它是正确的；

其次，只有确认和保障第三人的参与权，才能充分发挥审查程序的事前规制功能。学理上一般将垄断行为分为垄断协议、滥用市场支配地位、具有或可能具有反竞争影响的经营者集中三类。其中，对前两种行为的反垄断规制属“事后规制”，即法律救济发生于垄断行为、造成垄断损害出现之后；唯有经营者集中目前被通常作为“事前规制”的对象。集中规制的目的，是杜绝未来可能发生的垄断损害。如果第三人无法让审查机构“倾听”其关切和诉求，只能被动地接受审查决定及经营者集中对其竞争利益造成的损害，或者在损害发生后再寻求法律救济，那就意味着集中审查机制已经丧失了事前规制的功能，这与该机制的设计初衷背道相驰；

最后，只有确认和保障第三人的参与权，才能有效降低“监管俘获”、“政府失败”的风险。以管制经济学的基本理论视之，政府对产业的监管并非如想象的那样是从保护公共利益、促进社会福利出发，而是易被某些特殊利益群体俘获和驾驭。而执法信息闭塞、执法过程不透明的“暗箱式”权力运行机制，是贪腐败德行为最佳的温床和遮羞布。况且，作为“公共利益”的竞争秩序，本身含

① 参见应飞虎：《信息如何影响法律——对法律基于信息视角的阐释》，《法学》2002年第6期。

义就十分抽象，外界很难从反垄断审查的结论性决定当中发现权力被滥用的技术性证据。因此，要降低竞争执法失败的风险，就必须扭转权力封闭运行的状态，向第三人提供便利的参与渠道，在政府与公众之间实现对审查权力的“再次分配”①。

（四）效率原则

本文在救济措施运行机制问题领域探讨的效率原则，无意涵盖整体意义上的反垄断法或与救济措施相关的实体制度，而是将其简化为这样一个问题：在救济措施的运行收益确定（即假定，依据经营者集中反垄断审查实体法律制度，能够形成适当的救济决定，能够使救济措施得到完全的实施，能够实现其他相关的实体性规制目的）的假设条件下，如何使救济措施的运行成本得到有效控制。

1. 集中当事企业的成本

对集中当事企业来说，接受反垄断法规制的显性成本是时间和金钱。

时间方面，为了接受反垄断审查，集中当事企业不得不等待执法机构作出审查决定，并且可能为了履行救济措施的要求而付出时间代价。“时机即商机”，对于集中交易而言，漫长的等待可能对交易各方的商业利益产生重大的影响。在审查环节等待是难以避免的。在确定时间节点之内，在保证执法工作质量的前提下，应当尽量快速高效地完成执法活动。

竞争执法当局是否对申报人收取审查费用（filing fee），情况有所差异（参见下表）。计费标准：有的采取固定收费（如加拿大每案收取 5 万加元），有的根据审查工作量计费（如瑞士在初步审查阶段按固定标准收费，在第二阶段根据工作时间按小时计费），有的按照集中各方的营业额分档计费（如西班牙），有的根据拟集中企业的营业额按比例收费。②

---

① See Sherry R. Arnstein, A Ladder of Citizen Participation, Journal of the American Planning Association, Vol. 35, No. 4, 1969.

② 例如，美国根据经营者集中涉及的资产价值规模，分三档计收审查费用。截至 2014 年 8 月，其费标准为：资产价值超过 7 590 万美元、不足 1.517 亿美元的，审查费是 4.5 万美元；资产价值超过 1.517 亿美元、不足 7.586 亿美元的，审查费是 12.5 万美元；资产价值超过 7.586 亿美元的，审查费是 28 万美元。参见 http://www.ftc.gov/enforcement/premerger-notification-program/filing-fee-information

部分国家(地区)经营者集中反垄断审查费用收取情况[①]

收取审查费用	不收取审查费用
奥地利	澳大利亚
巴　西	比利时
加拿大	中　国
葡萄牙	丹　麦
德　国	欧　盟
希　腊	芬　兰
匈牙利	法　国
印　度	印度尼西亚
爱尔兰	意大利
墨西哥	日　本
新西兰	韩　国
波　兰	卢森堡
俄罗斯	荷　兰
西班牙	挪　威
英　国	台　湾
美　国	瑞　士
瑞　典	泰　国

值得思索的是,反垄断执法机构收取审查费用是否合理,中国是否应当改变目前免费审查的做法?

对接受反垄断审查的经营者收取审查费的支持者认为,此类审查活动往往需要消耗大量的公共财政资源,收取费用可以部分地冲抵实际审查成本。而且,即便收费,仍然可能存在收费不能弥补审查活动所需实际支出的情况;[②]

① 本表数据信息引自 Merger Notification Filing Fees: A Report of the International Competition Network, http://www.internationalcompetitionnetwork.org/uploads/library/doc331.pdf

② 以英国的统计数据为例,即便其经营者集中反垄断审查收费的制度设计初衷是冲抵集中审查程序的平均执法成本,但实际上,自 1990 年以来在集中审查事务上的公共财政赤字,仍然高达 80 万至 200 万英镑。见 Merger Notification Filing Fees: A Report of the International Competition Network, http://www.internationalcompetitionnetwork.org/uploads/library/doc331.pdf

反对者认为,对经营者集中实施反垄断审查的目的是为了维护社会公共利益,理应由公共财政支持。绝大多数集中的审查结果都是不存在反竞争影响,却要付出审查费,有失公允。而且,一些以审查工作量为计费基础的收费标准,会对执法机构产生逆向激励,促使他们不必要地延长审查时间或开展不必要的审查活动。

从现行法制条件看,中国的《行政许可法》第五十八条明确规定:“行政机关实施行政许可和对行政许可事项进行监督检查,不得收取任何费用。但是,法律、行政法规另有规定的,依照其规定。”因此,在中国的法制条件下,尤其是在商务部将经营者集中反垄断审查视为“行政许可”行为[①]之后,在没有法律、法规作出允许收费的规定之前,目前并不存在开收此类审查费用的制度空间。

2. 执法机构的成本

按照预算、会计和审计制度要求,合理支出办案经费,节约公共财政资金,这是对经营者集中反垄断审查机构的日常内部要求,除此以外,将“私人执法”机制引入救济措施的运行过程,也是减轻执法机构工作载荷、提高执法工作效率的重要途径。

在反垄断法的实施中,私人实施的方式主要体现在对垄断违法行为的监督,以及私人对垄断行为的诉讼。在救济措施运行过程中,私人监督具有重要的功能和价值。[②] 守法者监督(即没有参与垄断违法行为的私人,收集违法者实施违法行为的信息,并将这些信息提交给有关公共机构,供其调查和处理违法者的活动)、违法者监督(即已经实施垄断违法行为的私人,针对与其共同实施垄断违法行为、或单独实施其他垄断违法行为的他人的违法信息,加以收集并提供给有关公共机构,并配合其调查的活动),相比执法机构实施的“公共监督”具有诸多比较优势。其中之一,就是私人的监督活动所需费用完全由其自行筹措,不耗费公共财政预算额度。在执法机构因为经费约束而无法有效实施监督时,私人监督可发挥对公共机构的替代作用,从而在一定程度上节约公共执法资源。当然,为私人监督创设提供相应的激励,并将这种激励外部化为

---

① 参见本文第一章第三节中“商务部对经营者集中反垄断审查法律性质的认识”部分。

② 私人之于反垄断法实施的重要地位,在美国尤为受到重视。在对非法集中交易的反垄断规制方面,私人诉讼原告被与美国司法部反托拉斯局、联邦贸易委员会、州检察长并列为“执行主体”,见美国律师协会反垄断法分会编:《美国并购审查程序暨实务指南》,李之彦、王涛译,北京大学出版社 2011 年版,第 2 页。

由违法者承担，也是这种机制设计当中非常关键的内容。

3. 第三人的参与成本

构建第三人对救济措施运行过程的参与机制，还应注意合理控制其与反垄断执法机构之间的信息交换成本。执法机构向社会公众公开的与救济措施运行相关的信息种类、内容应明确，公开的渠道、方式应便于获取。执法机构应有专设部门负责接受第三人所提供的与救济措施运行相关的信息(包括异议、建议、投诉、证据、线索等)。在互联网等电子信息技术日益发达的今天，信息交换的成本较之以往已经大大降低。[①] 因此可以有把握地说，阻碍执法机构与第三人之间实现低成本信息沟通的因素，基本不是源自技术与经济上的成本，而是对第三人参与之必要性的认识不足，也包括执法机构对因第三人参与而增添的工作量和舆论监督压力的本能抵触。

① 单纯依靠传统的纸面文字传播信息，其成本之高曾经在一些反垄断案件中得到印证。例如，按照美国法律规定，执法机构与经营者在以同意裁决方式结束反垄断案件之前，须公开同意裁决的草案，接受公众评议，并将这些评议内容在《联邦公告》上全文刊出。在 AT&T (Civ. No. 82 - 0192 (DDC)) 案中，公众提交的评论意见多达 8 750 页，如果全部刊载在《联邦公报》上须耗资超过 60 万美元；Microsoft (Civ. No. 98 - 1232 (CKK)) 案收到的公众评论更是史无前例，全部刊登的费用约计 400 万美元。不过，美国执法机构在上述两案中并没有试图以成本高昂为理由拒绝公开相关信息，而是向法院提出申请，并最终获准以提供收费光盘、微缩胶卷、网站免费下载等较为经济的方式替代书面印刷。See Joint Status Report In the United States District Court for the District of Columbia by United States of America and Microsoft Corporation (Civ. No. 98 - 1232 (CKK)).

第三节　集中救济措施运行机制的基本架构

一、结构组成

作为一个相对独立和完整的微观制度运行体系，救济措施的运行机制应当涵盖救济措施的产生、发展直至其失去法律意义的全过程，可以分为救济措施的形成机制、实施机制、矫正机制三个基本环节，它们之间的逻辑关系如下图所示。

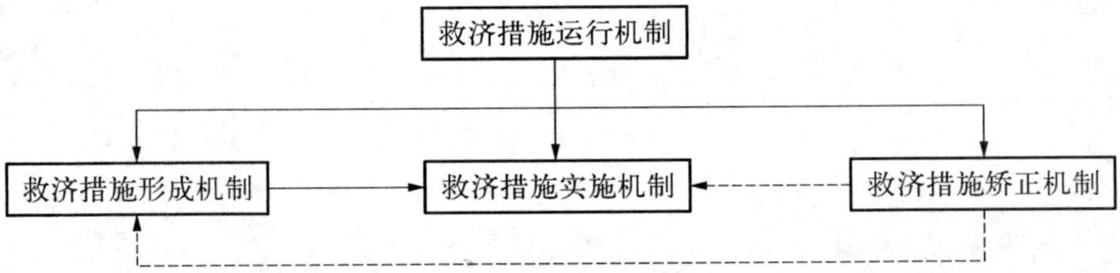

其中，救济措施的形成机制，是指在救济措施从无到有的产生过程中，相关程序性规范的规制方式，以及相关法律主体的交互关系模式。对于形成机制，需要关注和解决的基本问题，是如何从程序设计的角度，规范反垄断审查机构的权力行为，保障拟集中经营者以及受到集中影响的第三人的合法利益，以有效率的方式产生符合公共利益的救济措施。

在组成救济措施运行机制的上述三个"子机制"当中，形成机制是起点，是运行机制最前端的组成部分；实施机制是形成机制的后续阶段，也是整个运行机制的核心，乃至实现对经营者集中进行反垄断规制的最终实现方式；矫正机制是救济措施运行过程中的"或有"环节，而非"必经"环节。从中外反垄断法的实务情况来看，绝大多数的救济措施都没有历经矫正机制，其运行过程在实施环节即告终结。但是，如欲使救济措施运行机制成为一个系统、完备、自洽的整体，那么矫正机制当为不可或缺的组成部分。矫正机制具有修复力和追溯力，可能对救济措施的形成、实施过程产生影响。

二、现状概览

（一）形成机制

不同法域的救济措施形成机制，其细节流程方面可能具有显著的差异。下面以美国、欧盟和中国示例。

1. 美国联邦机构的流程

(1) 经由 FTC 形成救济措施

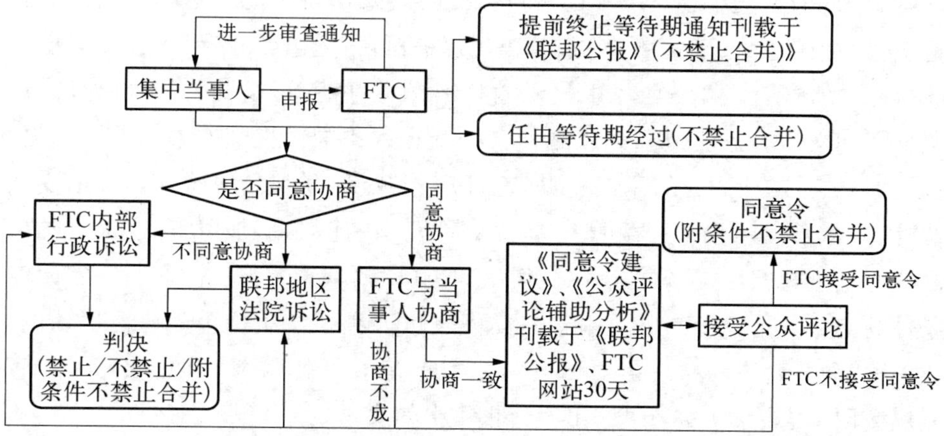

(2) 经由 DOJ 形成救济措施

在 DOJ 和 FTC 共有的审查机制中，居于主导地位的是联邦地区法院。DOJ 或 FTC 与集中当事人作为诉讼的两造，如果未能对集中的合法性或修订方案协商一致，则将在法庭上进行实质性的对抗，法院判决的结果将是禁止实施集中，或者是驳回原告诉请(相当于不禁止集中的决定)；如果诉讼两造事先已经协商一致，那么仍然需要进入诉讼程序，不过彼此之间的对抗关系将仅仅

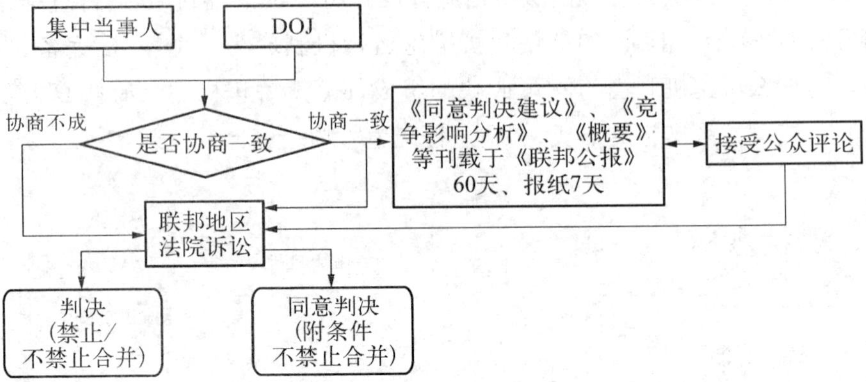

是象征性的：原告须向法院提交一份诉状，一份以法院判决书口吻起草的、被告实际上已同意接受的《最终判决建议稿（Proposed Final Judgment）》，这些文件连同一份《竞争影响声明（Competitive Impact Statement）》，将在法院作出生效判决前至少 60 日刊登于《联邦公告》，在该期间内选择两周中的 7 天当中，FTC 还应在受理该案的地区、哥伦比亚地区、法院可能指定的其他地区普遍发行的报纸上，刊载最终判决、判决建议稿概要、竞争影响声明概要、FTC 为获得有价值的公众评论而可以提供的材料和文件清单，以及公众可以查阅这些材料和文件的地址。FTC 收到社会公众在评论期内提交的书面评论意见，以及 FTC 对这些意见的反馈意见，也都应刊载于《联邦公报》，并提交给受案法院。[①] 法院基于公共利益的考量，对《最终判决建议稿》加以审查，最终的判决或者是全文照准，按建议稿原文作出判决（即要求集中方承担履行特定限制条件的义务。由于该判决的内容是集中当事人和执法机构事先协商确认的，故又称“同意判决（consent decree）”，相当于有条件地不禁止集中决定），或者判决驳回原告诉状（相当于作出不禁止集中的决定）。

2. 欧盟委员会的流程

委员会收到合并当事人申报的材料后，即应在《欧盟公报》上公开披露收到申报的基本事实，“指明相关经营者的名称、来源国、集中的性质和涉及的经济领域”，[②]征求和听取与合并有利害关系的第三人的意见。按照欧盟合并条

① 见 15 USC § 16 (a)-(c).
② Council Regulation (EC) No 139/2004, article 4. 3.

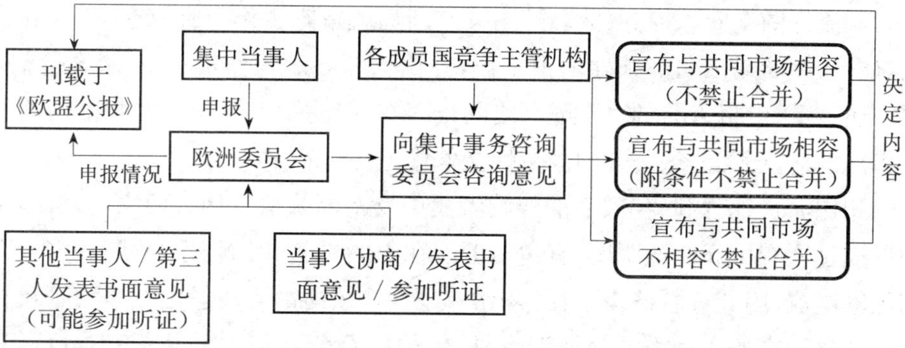

例的规定，“委员会的审查决定须以当事人能够对决定提出反对意见为基础”，[①]为各有关主体发表意见提供正式渠道的“听证”程序，在审查决定生成机制中居于核心地位。

最终，委员会可作出两种类型的决定：宣布合并与共同市场相容（即不禁止合并的决定）或者不相容（即禁止合并的决定）。其中，不禁止合并的决定又可以分为无条件不禁止合并的决定，附条件不禁止合并的决定（即与合并方协商一致，为原来的合并方案设置某些限制条件）。

3. 中国商务部的流程

按照商务部自身的认识，其对经营者集中进行反垄断审查的流程可用下图[②]示意。

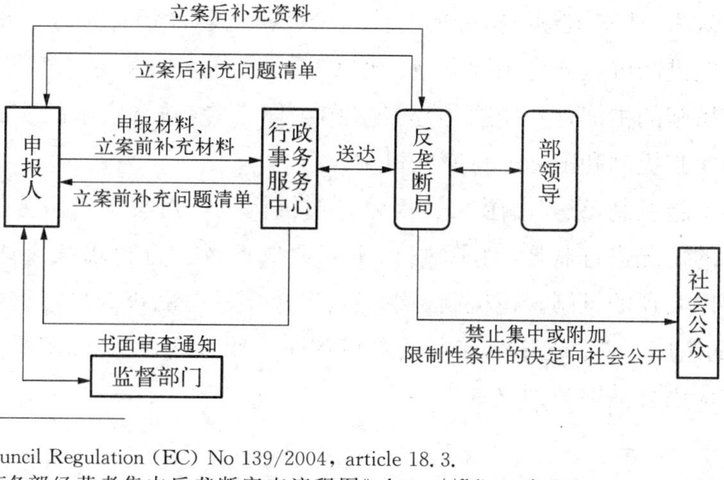

① Council Regulation (EC) No 139/2004, article 18.3.

② 《商务部经营者集中反垄断审查流程图》，http://fldj.mofcom.gov.cn/accessory/201003/1268293829161.doc

从流程图来看,“商务部领导”与反垄断局就审查工作事宜有交互关系,这意味着反垄断局须向部领导汇报工作,并执行领导的工作指示。① 此外,流程图中还显示,申报人与“监督部门”之间也存在互动关系,至于该监督部门的具体指向为何,还无法从公开的规范性文件中追踪到答案。

相比而言,美国联邦层面的经营者集中反垄断执法机构有两家,救济措施的形成过程有更高的透明度,有包括诉讼在内的更复杂的程序;欧盟由多个欧洲国家组成,因此其救济措施在作出决定之前,须向由各成员国竞争主管机构组成的集中事务咨询委员会征询意见;中国的经营者集中反垄断审查机构只有商务部一家,救济措施形成的法定程序比欧美要简单得多,无须经过诉讼对抗,不必进行意见征询,也不需要面对公众评议。

(二) 实施机制

救济措施的形成机制是救济措施运行机制的起端,继之则是将救济措施付诸实施的保障性机制。救济措施的实施机制是指业已形成和具有法律拘束力的经营者集中反垄断救济措施,得以被确保付诸实现的方式,以及在其实现过程当中,相关法律制度之间、法律主体之间的关联关系问题。重点关注的内容主要在于三个方面:谁来主导/推动实施,通过什么方式实施,各相关法律主体在实施过程中具有何种交互关系。

笔者认为,从实施救济措施的主体是公共机构还是私人的标准来看,救济措施的实施机制可以分为三种类型:公共实施、受托实施和私人实施;如果从实施救济措施的主体是一国主体还是多国主体来看,救济措施的实施机制可分为国内实施机制和国际平行实施机制:

公共实施机制,意为由国家公权力专司机构负责对集中当事方执行救济措施要求的情况进行监督,对不执行、不完全执行者进行制裁,以确保救济目的决定得以实现的机制。该机制是继经营者集中反垄断审查决定程序的后续的、必要的组成环节。公共实施是公共机构履行职责的行为,因此所需消耗的各种成本应由公共财政列支。

① 与此相类似,美国 FTC 和 DOJ 在与集中当事人就救济措施确认达成统一之前,也需要经过 FTC 五名委员和 DOJ 副检察长的同意。

私人实施机制，是指基于自身利益或公益诉求的私人，自发、自愿、自主地对违法救济措施要求的集中当事方进行监督、追诉的机制。私人实施的主要动机或激励，是藉此获得私人利益（当然也不完全排除出于维护公共利益之目的者）。

私人实施的具体机制表现，目前有监督、诉讼、仲裁三类。其中，私人监督是指私人对集中当事方的行为是否符合救济措施的各项要求进行监督，并向公共机构提供违规线索、证据等信息的行为；私人诉讼是指与集中当事方违反救济措施的行为之间具有法律上利害关系的私人提起诉讼，从而确保救济措施得以实现的过程；私人仲裁与私人诉讼有相似性，差异在于争议解决机制是非官方性质的仲裁机制，提起仲裁的法律基础是私法意义上的仲裁协议（条款），而非公法上赋予私人的诉讼权利。

受托实施机制，是公共机构与私人之间联合实施、但以私人为主要力量的一种救济措施监督机制。与单纯的公共实施不同，委托实施的主体还包括私人。此处的私人，专指基于公共机构的认可、被委托授权对集中当事方执行救济措施的情况进行监督乃直接介入、干预和代替集中方执行救济措施的非官方人员或组织。私人实施者是公共机构的力量延伸，向公共机构负责和报告，执行公共机构的指示，监督、干预集中当事方的行为，确保其合乎救济措施的要求，是此类私人实施者承担的义务，怠于履行该义务具有违法性。委托实施过程所需的成本，现实当中一般由集中当事方承担。

国际平行实施机制，是指世界不同法域依据其各自的竞争法，对同一集中案件并行做出的反垄断审查决定各自予以实施的交互影响机制。

（三）矫正机制

救济措施矫正是指基于特定事由对业已生效的救济措施决定的部分或全部内容，进行的中止、延长、补充、重做、撤销、撤回等。

对救济措施的矫正，应慎重斟酌五个方面的基本问题：(1) 为什么矫正（可矫正的原因事由）；(2) 谁来矫正（发动和参与矫正机制的主体是谁）；(3) 怎么矫正（矫正的程序）；(4) 矫正什么（对原救济措施内容进行哪些形式的矫正）；(5) 矫正以后怎么办（如果矫正给相关主体利益造成不利影响，是否应予救济、如何救济）。

第三章 集中救济措施的形成机制

由于不同地域的法律文化环境和竞争法制存在差异，将其他国家或地区在集中救济措施形成机制方面的做法全面照搬到中国，既无必要，也不可能。因此，本章的研究对象，并非相关流程的全部细节，而是选取若干重点和关键环节，对其中具有共通特性的问题加以剖析，对如何完善我国的相关法制提出建议性意见。

第一节 救济措施的商谈机制

一、商谈的含义界说

（一）背景

商谈（negotiation 或 discussion，亦称协商、磋商、讨论或谈判）不是一个严格的法律概念，大致是指由地位平等的当事方参与的，以达成一致意见为目的的，基于自主的意愿，阐述各自观点，发现并试图减少分歧的过程。

从其法律特性来看，商谈的主体具有平等性、自愿性，商谈成功的结果则是具有契约性质的一致意思表示。作为一种争议解决方式，商谈能够通过达成共识、协调行动，预防和避免相关各方之间发生直接的对抗与冲突，以主动、和平的履行方式，维持社会秩序的稳定性和确定性。

美国、日本、欧共体、台湾等国家或地区的反垄断法实施也存在一种“趋势”，那就是反垄断机构大量地依赖和通过协商和解方式来处理经营者的反竞争行为。[①] 有学者认为，造成这种现象的主要原因，可以被解释为两个方面：一是反垄断法本身的缺陷与适用上的技术困难——反垄断法的立法目的、概念、规则、违法确认原则都具有“不确定性”，这“不仅使企业无法据之判断自身行为，如企业并购、纵向限制等等，究竟是符合反垄断法的规定，还是与反垄断法悖逆，而且使反垄断机构无法始终如一地使用明确的标准去评判企业的行为。反垄断机构与公司企业以协商和解的方式解决纠纷，可不必拘于法律的具体规定，因而能克服由反垄断法的不确定性所导致的“使用不便”；二是经济全球化的影响。即政府与企业之间的关系发生变化，由原来的管制与被管制转变为合作关系，相关市场范围的全球化扩展，进一步增加了反垄断法的不确定性和适用上的技术难度，而且各国将反垄断政策作为重要的贸易保护手段使用。[②]

有的研究者将反垄断法中的商谈式规制方式，称为“非强制性执法”，[③]将其界定为以惩治、制止和预防特定主体在经济活动中非法排除、限制竞争的状态、行为或图谋行为，由行政机关依法对相对人实施的非压迫性活动。

这种非压迫性有时在整个执法活动中都体现出来，有时则仅仅在某一直发阶段体现出来。非强制性执法制度主要包括三种类型：承诺制度——如果经营者做出一定承诺，执法机构即完成执法活动，这种制度主要用于对涉案违法行为进行补救；指导制度——反垄断执法机构对涉案相对人给予建议、指导、劝告，以帮助相对人在未来的行为中遵守反垄断法；接受咨询制度——当经营者对其行为可能产生的反垄断问题产生疑问时，向执法机构提出咨询，由

① 参见[美] 盖尔霍恩等：《反垄断法与经济学》，法律出版社 2009 年版；[美] 阿瑞达等：《反垄断法精析：难点与案例》，中信出版社 2003 年版。

② 见郑鹏程：《论现代反垄断法实施中的协商和解趋势——兼论行政垄断的规制方式》，《法学家》2004 年第 4 期。

③ “所谓非强制性的特性，即是在行政行为之中，从以往的相对方的被忽略到愈来愈受到重视，来自向对方的声音及隐藏于其背后的意思更多地被行政主体考虑，并且直接对双方之间的行为产生不同程度的效果”，见王萌等：《浅析非强制行政行为》，《理论研究》2007 年第 4 期。

反垄断执法机构作出评估答复。[①]

(二) 概念

救济措施形成机制中的“商谈”,是指在经营者集中反垄断审查过程中,以有权机构和经营者集中当事方为基本当事主体,以相关第三人为参与主体,在审查决定作出之前,就具有或可能具有反竞争影响的经营者集中不被有权机构禁止的可能性及其事由,做出意思表示的行为。意思表示涉及的具体内容,可能包括但不限于:集中是否具有违法性,是否可能被禁止,是否可能通过对集中交易施加某些救济措施而获得不被禁止的审查决定,施加何种救济措施方能对冲集中交易的反竞争效果,以及其他相关的程序性或实体性法律问题。

1. 主体

商谈关系的基本主体有两方,一是拥有审查、决定职权的反垄断执法机构,二是已经或拟实施经营者集中的企业。此外,也不排除其他与涉案集中有关的第三方对商谈活动的参与。这些第三方可能包括:可能受到某起集中案件影响的其他经营者(集中当事方的竞争者、上下游经营者)、终端消费者;为商谈关系基本主体提供分析咨询支持的专业机构或人员;拥有规制职权的其他与集中交易相关的公共机构;可能为反垄断执法机构的审查工作提供有价值信息的其他第三方,等等。

2. 目的

商谈的核心目的,是探讨反垄断执法机构做出不禁止经营者集中交易的审查决定的可能性,其中蕴含着四层意思:

首先,据反垄断执法机构所见,被审查的集中交易本身具有反竞争瑕疵,依法应予禁止;

其次,在商谈活动进行时,反垄断执法机构尚未作出是否禁止集中的效力性决定,因而存在基于某些事由作出不予禁止的决定的可能性;

再者,集中当事方的商谈目的,是说服执法机构相信,基于某些事由,该集中不应被禁止;

最后,反垄断执法机构的商谈目的,是对集中当事方所举事由是否足以消

---

① 王炳:《反垄断非强制性执法制度与实践分析》,法律出版社 2011 年版。

除业已被发现的反竞争影响进行甄别权衡，判断是否可以做出无条件不禁止或者附条件不禁止审查决定的方式结案。

3. 时段

商谈活动应当发生于反垄断执法机构就是否禁止集中交易做出结论性、效力性审查决定之前。在此时间段内，集中交易是否触犯反垄断法、是否被禁止实施尚处于未决状态，执法机构尚未因集中交易的违法性为交易当事方设定特定的义务或责任。

4. 方式

商谈方式的灵活性是指商谈具体形式存在多样化的可能性，但这不等于采取何种方式系由各方任意决定。有必要通过明确的法律规范，为各方对商谈方式的选择运用提供规范指引。

5. 功能

商谈的功能，是为能够均衡保护反垄断公共利益与经营者集中私人利益的方案，提供一种发现和确认的机制。

任何市场交易行为都可能同时将具有两种效应，一方面，它对某些市场主体是有利的，但另一方面有可能对其他主体产生直接或间接的不利影响。以一起合法的买卖合同为例，甲从乙处买得某特定物并从中获益，这就使丙失去了从乙处买得该物进而获益的机会。我们不会因此认定甲的行为"非法"侵害了丙的权利，原因其实并不在于此案中是否失去了购买该物的可得利益，而是在根本上对甲乙丙三方的利益进行权衡判断的结果。

6. 性质

(1) 正式法律程序

关于商谈的法律性质，有学者认为，受理经营者的咨询、自愿提请的审查以及磋商和劝告等属于"非正式程序"或"非正式处理"，是除正式程序以外的处理案件的其他程序。不过，笔者同意这样一种观点：非正式程序这一术语虽然在美国的反垄断文献中早已出现（常见的表达方式有 informal procedure, informal practice, informal tool 等），泛指通过同意判决（consent decree）、同意令（consent order）等方式对反垄断执法进行结案，但是，非正式程序的字面含义又使人误以为其乃不受法律规制的程序。"曾经被称为非正式执法程序的做法，现在诸多已经为法律所明确规范，已经转化为正式程序"，"从目前许多国家和地区的法律实践看，学界经常提及的反垄断执法非正式程序，在今天绝大多数都有法律明文规定，有的属于法律的范畴，有的属于执法机关明确公布的执法程序规则范畴，已基本正式制度化”，[①]不宜再沿用“非正式程序”的称谓。即便此类程序在某些法域尚未被“正式化”，那也只是“实然”意义上的非正式，不应将其视为“应然”。

（2）不平等性

商谈机制对于集中交易当事方、反垄断执法机构和有利害关系的第三方而言意义重大，是经营者集中反垄断规制过程中大量运用的结案方式。学界虽然大多注意和强调商谈以自愿平等为原则，但其实际特性绝非一般民商事合同谈判过程所可以比拟。救济措施形成机制中的商谈双方关系“形式”上平等，而“实质”上并不平等。

（3）权利义务安排的倾斜性

本文认为，由于商谈基本主体之间具有实质上的不平等性，应当考虑对反垄断执法机构与集中当事方之间的权利义务关系做倾斜性的安排，以便抑制、矫正和衡平其关系中的“天然”不平等性可能给商谈的有效进行造成的障碍。

权利义务的倾斜安排，旨在保障集中当事方行使商谈请求权，防止执法机构“突然袭击”式地做出禁止集中决定，为达成均衡保护公共利益与集中方私人利益的救济措施提供程序机制。当然，集中当事方的商谈请求权是意思表示权利，而非要求执法机构必须与其达成一致意思的权利。执法机构对商谈请求权的保障与尊重，不等于向集中当事方许诺将会做出何种类型（禁止、无条件不禁止、附条件不禁止）的审查决定。

值得强调的是，集中当事方自愿与审查机构进行商谈的意思表示，在任何意义上都不应被视为其承认原集中方案具有违法性。无论是在行政执法、民事诉讼还是其他法律机制当中，“商谈”行为都不应被作为对集中当事方不利的自认违法的证据加以使用。否则，将有违商谈机制自身的目的性价值，并将产生使集中当事方惮于开展商谈的客观效果。

---

① 王炳：《反垄断非强制性执法制度与实践分析》，法律出版社 2011 年版。

二、商谈的前提条件

务实、高效和能够取得实质性结果的商谈，离不开必要的前期准备工作。

（一）各国法制体例比较

1. 中国

中国关于商谈的现有法律规定，见于商务部的部门规章《经营者集中审查办法》（商务部令 2009 年第 12 号）。

该《办法》第十一条规定："在审查过程中，为消除或减少经营者集中具有或者可能具有的排除、限制竞争的效果，参与集中的经营者可以提出对集中交易方案进行调整的限制性条件。"第十三条规定："在审查过程中，为消除或减少经营者集中具有或者可能具有的排除、限制竞争效果，商务部和参与集中的经营者均可以提出对限制性条件进行修改的意见和建议。"从上述两条规定来看，经营者似乎可以在"审查过程中"的任何时间节点，提出对交易方案施加救济措施，以及商务部或经营者对救济措施内容提出修改意见和建议，而且也无须满足任何先决条件。

该《办法》第十条规定："在进一步审查阶段，商务部认为经营者集中具有或者可能具有排除、限制竞争效果的，应当将其反对意见告知参与集中的经营者，并设定一个允许参与集中的经营者提交书面抗辩意见的合理期限。参与集中的经营者的书面抗辩意见应当包括相关的事实和理由，并提供相应的证据。参与集中的经营者逾期未提交书面抗辩意见的，视为对反对意见无异议。"

该条规定包含的意思可能引出三个方面的疑问：首先，商务部认定并向集中当事方告知经营者集中具有反竞争瑕疵的时点，似乎只能是"在进一步审查阶段"，那么对于在初步审查阶段即发现的反竞争瑕疵，是否应当立即告知集中当事方，而不是拖延到进一步审查阶段？其次，商务部将其认为集中存在反竞争瑕疵的"反对意见"告知集中当事方，应采取何种方式？《办法》中并未做出明确限定，那么是否意味着口头或书面告知方式均可？再次，商务部提出的反对意见应当包含哪些内容？是只要笼统表达认为集中方案存在反竞争瑕疵即可，抑或须在表达反对意见的同时，提供足以支持其反对观点的证据、事实和理由？在法律规定对这些疑问作出明确解答之前，我们似乎只能谨慎地认为，有关问题可由商务部自由裁量决定。

从上述规定来看，经营者提出救济措施建议，没有任何前提条件，也不受时间节点的限制；经营者对商务部反对意见的申辩，则应在接到反对意见后的指定期限内提出。

2. 美国

（1）司法部

美国司法部反托拉斯局在其2004年版《集中救济政策指南》中声明，该局在救济措施形成过程中遵循的指导原则（Guiding Principles）之一是，“如果没有可靠的证据证明将发生违法行为，反托拉斯局不会接受救济措施。在提议特定的救济措施之前，须有充分的证据证明集中违反《克莱顿法》第7条，并且会因而造成足以表明应予采取救济措施的损害。反托拉斯局只应寻求防范反竞争影响所必需的救济或裁决，因为否则可能对企业造成不正当的制约，并且增加消费者的成本。所以，即便当事方希望在调查初期就形成和解，反垄断局在就和解方案进行商谈之前，也必须获得足够的信息，确信如果不采取救济措施集中将会违法。”①

由此可见，美国司法部反托拉斯局接受集中当事方提出的救济措施建议，有一个基本的前提条件，那就是该方案能够针对性地解决反托拉斯局认为该经营者集中存在的反竞争问题。换句话说，反托拉斯局发现和确信集中存在反竞争瑕疵，是该局考虑与当事企业就救济措施达成和解方案的前置条件。这种做法背后的思路是，如果反托拉斯局没有发现集中存在反竞争之虞，那么当事企业就不必提议就救济措施进行商谈，否则这种商谈的结果只能是无的放矢，对集中交易可能带来无谓的干预，甚至给经济效率的改善造成不必要的损害。

（2）联邦贸易委员会

联邦贸易委员会竞争局《关于集中救济措施商谈的声明》指出：“委员会工作人员分析集中方案，确认其是否违反《克莱顿法》第7条，导致反竞争效果。如果工作人员确信可能存在反竞争效果，将就这一发现，及其可以接受的维护受集中影响的市场竞争所必需的救济措施，与集中当事方进行讨论。对和解

---

① U. S. Department of Justice Antitrust Division，Policy Guide to Merger Remedies，October 2004，http://www.justice.gov/atr/public/guidelines/205108.htm

协议进行商谈，旨在对反竞争效果进行救济，与此同时，使当事方得以继续实施集中交易当中没有问题的部分。”“当事方必须决定其是否愿意与工作人员就和解进行讨论。”①

从上述表态可见，竞争局与集中交易的当事方就救济措施进行商谈，也有一个假设的前提，那就是“确认（竞争）可能存在反竞争效果”（if staff determines that anticompetitive effects are likely）。

3. 欧盟

欧盟在 2001 年做出的《关于〈第 4064/89 号理事会条例（欧共体）〉和〈第 447/98 号委员会条例（欧洲委员会）〉项下可以接受的救济措施的委员会通知》中规定：“委员会在程序的任一阶段都可以接受承诺。但是，因为只有在第二阶段才进行深入的市场调查，所以在阶段一向委员会提议的承诺必须能够足够清楚地解决集中条例第 6(1)(c)条意义上的‘严重怀疑’。②”如果严重怀疑“被当事方提议的承诺所消除，那么委员会必须尽快做出通过审查的决定。”③

对于发现具有“严重疑问”的集中当事方，在作出正式的审查决定之前，欧盟的经营者集中反垄断审查机构有两种基本方式将其观点通知当事方。其一是非正式的通知——例如在进展情况会议上向当事方提供竞争总司关于调查结果的初步意见；其二是“异议声明”（Statement of Objections）。

欧盟关于异议声明的规定较为详尽，而且具有较强的操作指导性，值得参考借鉴。根据欧盟《委员会关于与欧盟运行条约第 101 条和第 102 条的最佳操作规程》（以下简称“第 101、102 条最佳操作规程”）④等规范性、指南性文件中的相关规定，“在可能做出禁止集中决定程序当中，做出异议声明是一个非常重要的程序性步骤”。委员会做出异议声明之后，不一定会作出禁止集中的

① Statement of the Bureau of Competition of the Federal Trade Commission, Negotiating Merger Remedies, January 2012, http://www.ftc.gov/system/files/attachments/negotiating-merger-remedies/merger-remediesstmt.pdf

② 在阶段一提议的承诺只有在特定的几种情况下才被接受。竞争问题需要非常直观，救济手段需要非常清楚，没有必要进行深入的调查。

③ Commission Notice on remedies acceptable under Council Regulation (EEC) No 4064/89 and under Commission Regulation (EC) No 447/98, http://old.eur-lex.europa.eu/LexUriServ/LexUriServ.do?uri=OJ:C:2001:068:0003:0011:EN:PDF

④ Commission Notice on Best Practices for the Conduct of Proceedings Concerning Articles 101 and102 TFEU (Text with EEA relevance) (2011/C 308/06), http://old.eur-lex.europa.eu/LexUriServ/LexUriServ.do?uri=OJ:C:2011:308:0006:0032:EN:PDF

决定;但是,在做出禁止集中的决定之前,却必须做出异议声明。因此,异议声明相当于是对可能做出禁止集中决定的一种预告。

委员会向集中当事方发出异议声明的根本目的,在于为其在审查决定做出之前充分行使申辩权,与委员会进行有效的商谈,提供必要和充分的信息资源,并赋予当事方启动商谈相关程序的选择权。

发出异议声明的时间,应当保留足够的提前量,使得当事方能够在委员会必须做出审查决定的期限之前,拥有研究和提出申辩理由、拟订和讨论救济方案的合理期间。

欧委会之所以向社会公众公开异议声明,系基于这样一种理念:经营者集中不仅事关集中当事方的利益,而且会影响到对集中享有"充分利益"的第三方利益,这些第三方包括集中当事方的客户、供应商、竞争对手、相关企业的任职人员等。因此,委员会希望获悉这些第三方以及其他利害关系第三方(如消费者组织等)对可能具有反竞争影响的集中的评论意见。①

关于应当指定当事人在多长的时限内对异议声明做出答复,《第 101、102 条最佳操作规程》规定,关于这一问题,应当考虑"答复所需的准备时间,以及案件的急迫程度。""异议声明的受送达人有权在不少于四周之内以书面形式做出答复。"

(二) 审查异议的说明义务

如前所述,商谈是就具有或可能具有反竞争影响的经营者集中不被有权机构禁止的可能性进行协商的活动。因此,有必要和有意义的商谈须基于一个前提,那就是被审查的经营者集中存在着被认定违法,从而被禁止实施的可能性。这种可能性应当是现实的,而非臆测的。由于做出集中是否存在违法性的判断,是反垄断审查机构的职权,因而所谓"现实可能性",应当是指反垄断审查机构对下列状况的确信——根据其掌握的信息,足以做出集中存在违法性的判断。

易言之,审查异议(审查机构持有的待决集中案件存在违法性、应当予以救济的观点)是开展有效商谈的前提条件。这种观点对商谈机制而言具有重要意义,与上文述及的美国和欧盟相关规范和实践操作的通常方式相合,应当

---

① 参见《欧洲委员会竞争总司发布的 EC 集中规制程序最佳做法》(DG COMPETITION Best Practices on the Conduct of EC Merger Control Proceedings, http://ec. europa. eu/competition/mergers/legislation/proceedings. pdf)第 5.2 款。

被确立为中国经营者集中反垄断审查救济操作中可供借鉴的一条重要规程。

三、商谈的动态过程

(一) 要约与反要约

商谈要约,是指对以采取救济措施弥补集中可能带来的反竞争效果的意思表示。

反垄断审查机构有权依据经营者申报的集中方案及相关市场竞争情况,对集中是否合法做出判断,并进而做出不禁止集中或禁止集中的审查决定,但无权在未取得集中当事方认可的情况下,单方施加救济措施。

(二) 商谈活动的期间

启动商谈的时间,应视个案具体情形而定,制度上没有做出不得早于某特定节点规定之必要。① 即便从逻辑关系的角度来看,开展实质性商谈须以审查机构得出集中具有反竞争效果的初步结论为前提,但这并不意味着在此之前即应禁止经营者表达开展商谈的意愿,或者提出商谈的方案。就法律实务经验而言,在某些情况下,在审查机构得出结论之前就提出救济方案可能更为可取。②

至于商谈的终止时间,可能取决于三个因素:首先,集中当事方单方决定终止(放弃)商谈;其次,反垄断审查机构单方决定终止(放弃)商谈;最后,依照审查程序的规定,可供商谈的时限已经届满。

(三) 案件卷宗的获取

经营者有效行使此类申辩权的一个前提条件,是能够详细了解反垄断审查机构据以得出集中违法初步结论的所有事实依据。否则,经营者集中反垄

① 商务部《经营者集中审查办法》规定"在进一步审查阶段,商务部认为经营者集中具有或者可能具有排除、限制竞争效果的,应当将其反对意见告知参与集中的经营者"。这一规定似有不允许商务部在初步审查阶段表达审查异议之意。如此一来,经营者与商务部之间开展救济措施实质性商谈的时间,似乎也只能是在一进步审查阶段。

② 参见美国律师协会反垄断分会:《美国并购审查程序暨实务指南》,李之彦、王涛译,北京大学出版社 2011 年版,第 253 页。

断违法案件的指控方(执法机构)与辩解方将处于严重的信息不对称状态,辩方无法针对审查机构的指控做出有效的申辩。因此,经营者应当被赋予"得到进行有效的自我辩护和对针对它们的指控进行评论所需的所有信息"[①]的权利,或可称为"获取卷宗权"(right of access to file)。

在欧盟法中,获取卷宗权有别一般所谓的"文件获取权"(right of access to documents)——后者是指任何欧盟公民依法获得欧盟委员会、议会、理事会文件的权利;前者专指在集中和反垄断程序中获取委员会文件的权利。

中国的《行政处罚法》当中,存在某些与卷宗获取权相类似的权利的法律渊源。该法第三十一条规定:"行政机关在作出行政处罚决定之前,应当告知当事人作出行政处罚决定的事实、理由及依据,并告知当事人依法享有的权利。"该条规定相当于要求执法机构在作出处罚决定之前,向相对人做出"异议声明",并向相对人披露其拟议中的执法决定所依赖的信息。继之,第三十二条规定:"当事人有权进行陈述和申辩。行政机关必须充分听取当事人的意见,对当事人提出的事实、理由和证据,应当进行复核;当事人提出的事实、理由或者证据成立的,行政机关应当采纳。"该条规定相当于赋予了相对人在获取执法决定所依据信息的基础上进行申辩的权利。

在目前中国的经营者集中反垄断审查程序机制当中,集中当事方并不享有如欧盟法所规定的获取卷宗权。这不能不说是一种显著的制度缺憾。

四、商谈措施的确认

(一) 初步确认

审查机构与集中当事方起初对救济措施方案达成的一致意见时,该救济措施可能尚需得到审查机构的高级官员或其他相关主体的最终审核确认。故而对审查机构来说,此时的"一致意见"尚不便赋于法律拘束力。不过,对于集中当事方来说,如果这种一致意见也不具有拘束力,则有可能出现审查机构最终确认该救济方

① Commission Notice on Best Practices for the Conduct of Proceedings Concerning Articles 101 and 102 TFEU (Text with EEA relevance) (2011/C 308/06), http://old.eur-lex.europa.eu/LexUriServ/LexUriServ.do?uri=OJ:C:2011:308:0006:0032:EN:PDF

案，但集中当事方却又反悔的情况，理由是使执法资源无谓耗费。为防止这种情况的发生，有些国家的经营者集中反垄断审查机构，通过合同约定的方式，使初步一致意见具有“不对等拘束力”——对集中当事方具有某种拘束力，但审查机构自身在救济措施最终以决定形式确立之前，仍保有随时撤销或推翻之灵活性。

不过，初步确认显然给反垄断审查机构保留了撤回其意思表示，即相当于单方解除该协议的权利。即便是在协议签署之后，联邦贸易委员会也仍然有权决定是否将同意令内容作为最后的审查决定，或者决定就是否就同意令的条款重新进行商谈，又或者最终决定拒绝和解并禁止实施集中。

（二）评审确认

在中国，商务部一经做出附加救济措施的经营者集中反垄断审查决定，即应公布且随即生效，此前毋须接受第三方的审查或评议。不过，某些国家则将第三方评议[①]作为做出生效审查决定的必要前置程序。此处所谓的第三方，有社会公众、法院和其他机构之分。

以美国联邦贸易委员会为例，其竞争局、经济局的主管人员在批准与集中当事方达成的《包含同意令的协议》之后，会把所有与审查相关的文件资料提交委员会审核。委员会通常在两周时间（这一期间也可能因个案情况有所延长或缩短），根据各名委员的投票情况，按多数决制做出关于是否拟接受救济方案的决定。如果委员会决定拟接受，则须发布公告，将相关文件向公众公开，为期 30 天，征询评论意见。

（三）生效确认

所谓生效确认，是指有权机构做出的集中当事方须承担实施救济措施义务的具有法律拘束力的单方决定。

生效确认对集中当事方具有“强拘束力”——未获有权机构准许，不得免除其实施救济措施的义务；对审查机构具有“弱拘束力”——有权机构可能基于特定情势，依据相关规定，对救济措施的内容作出单方变更。

① 相关程序机制可参见本文第二章第三节的集中救济措施运行机制“现状概览”部分，并将在第三章的第三节“第三人的参与机制”部分做进一步分析。

第二节 审查信息的披露机制

本节所谓的审查信息披露机制，是指经营者集中反垄断审查机构就受理集中申报、与集中当事方就救济措施进行商谈过程中的相关信息，向社会公众进行披露的程序规范，以及各相关主体因信息披露所生之互动关系。

一、受理情况的披露

审查机构受理企业提出的集中申报，标志着审查程序的正式启动。反垄断审查机构受理经营者的集中申报后，是否有义务将其已受理该案这一基本事实以及集中方案的基本情况向公众披露？世界各国对此问题的态度不尽相同。

在中国，《反垄断法》中没有关于要求商务部公开此类信息的规定。

有些国家的反垄断审查当局则认为，申报与受理经营者集中案件申报的行为，是"非常重要的公共事务，而非仅仅与申报者和特定的政府机构有关"，所以，"对申报情况的知晓，不应限于'内部人'"。① 一些国家和地区专门就收到申报的信息披露做出了强制性规定。

例如，《欧盟集中条例》第4条第3款规定：作为负责对经营者集中进行反垄断审查的机构，欧盟委员会"应公开申报的事实，同时指明相关企业的名称、来源国、集中的性质和涉及的经济领域"。② 实践中的做法，是在受理申报之后、开展审查之前，即以《关于集中的事前通告》（Prior Notification of A

① Richard M. Buxbaum, Public Participation in the Enforcement of the Antitrust Laws, California Law Review, Vol. 59, No. 5 (Sep., 1971), p. 1117.

② Council Regulation (EC) No 139/2004, article 4.3.

Concentration)为题，将相关申报的基本信息刊载于欧盟的官方出版物《欧盟公报》(Official Journal of the European Union)上。

二、商谈内容的披露

在中国，商务部与拟实施集中的经营者经过商谈达成的关于救济措施的一致意见，无须对外披露或接受外界评审，即可径行纳入最终生效的审查决定。因此，关于救济措施是否合法、合理，社会公众并没有事先获悉并进行监督的权利或法定渠道。

美国的附救济措施审查决定，无论是通过联邦贸易委员会的准司法程序，由其内设的行政法官根据行政诉讼程序以"同意令"(Consent Order)形式作出，还是由联邦贸易委员会或司法部以原告身份向联邦地区法院提起民事诉讼，由法院以"同意判决"(Consent Decree)形式做出，均须在最终决定作出之前，进行公开并接受公众评议。

例如，在作出同意令至少 30 天之前，联邦贸易委员会必须公布《同意令建议稿》(Proposed Consent Order)、为便于公众理解该建议稿而专门撰写的分析报告——《公众评论辅助分析》(Analysis of Proposed Consent Order to Aid Public Comment)，以及"联邦贸易委员会认为有助于利害关系人理解同意令的其他任何信息"。[①]

上述《竞争影响声明》、《公众评论辅助分析》，均旨在全面提供有关集中审查的信息，便于社会公众发表评论意见。这两份文件的主要内容包括：审查程序的性质和目的；关于集中行为或事件的描述；对同意判决、同意令草稿的解释，包括产生草稿的特殊情境，对集中的救济措施及其对竞争预期产生的影响；该同意判决、同意令通过后，受到集中损害的潜在私人原告可以获得的救济；对相关草稿进行修改的程序；审查机构曾经实际考虑过的其他替代性草稿内容。[②]

① 16 CFR 2. 34 (c).
② 参见 15 U. S. C. 16 (b).

三、救济措施的披露

此处所谓的“救济措施的披露”，是指“将反垄断审查机构最终确定施加于集中当事方的救济措施方案，向社会公众进行完整的披露”。这种披露有助于外界了解救济措施的具体内容，具有协助审查机构发现集中当事方不当履行救济措施，并进而予以纠正的潜在功能。因此，所披露的救济措施方案，务以详尽为必要。

一项拟进行的经营者集中，可能同时触发多个竞争执法机构设置的门槛条件（这些条件通常是集中各方在境内外的营业额或占据的市场份额），因而须向多个当局提出申报，接受它们的“平行审查”。这种国际平行执法机制催生了大量的“异域同案裁决”，即：不同竞争法域对同一起集中交易案件进行审查，各自做出是否采取以及采取何种救措施的多个决定。通过对这些异域同案裁决文本的比较可见，商务部对救济方案信息披露的详尽程度整体上明显不及欧盟和美国。

如果执法机构确有诚意将救济措施公之于众，那么断无道理不将决定中所涉及的核心概念界定清楚。

第三节　第三人的参与机制

一、第三人参与制度的一般分析

例如，某项集中方案获准实施，可能使市场的竞争格局发生变化，从而对拟集中企业的竞争对手、上下游产业的经营者以及消费者的利益产生实质性影响。本文将其统称为“受到企业集中反垄断审查结果实质性影响的第三人”（以下简称“第三人”）。

经营者集中语境下的“第三人参与”，是指“受到或可能受到企业集中反垄断审查结果实质性影响的第三人，依法介入审查程序，表达利益主张，提出决策建议，从而影响审查结果的权利”。其功能价值的重要性至少体现在以下几个方面：

（一）只有赋予第三人参与权，才能确保审查机构掌握必要的决策信息。监管的有效性取决于监管主体对监管对象信息的掌握程度。[①] 一个不允许第三人主动参与其中的反垄断审查机制，其信息来源渠道必然单调狭窄，决策者难以全面获悉拟集中企业、第三人在相关市场竞争中的地位、利益及其可能因集中作出的反应、受到的影响，也无法对信息的真实性、完整性进行甄别比对。

（二）只有赋予第三人参与权，才能充分发挥审查程序的事前规制功能。如果第三人无法让审查机构“倾听”其关切和诉求，只能被动地接受审查决定及经营者集中对其竞争利益造成的损害，或者在损害发生后再寻求法律救济，那就意味着集中审查机制已经丧失了事前规制的功能，这与该机制的设计初衷背道相驰。

---

① 参见应飞虎：《信息如何影响法律——对法律基于信息视角的阐释》，《法学》2002 年第 6 期。

（三）只有赋予第三人参与权，才能有效降低“监管俘获”、“政府失败”的风险。作为“公共利益”的竞争秩序，本身含义就十分抽象，外界很难从反垄断审查的结论性决定当中发现权力被滥用的技术性证据。因此，要降低竞争执法失败的风险，就必须扭转权力封闭运行的状态，向第三人提供便利的参与渠道，在民众与官员之间实现对审查权力的“再次分配”。①

二、第三人参与权的内容与方式

赋予第三人参与权，不但在理论上非常必要，而且被实践证明完全可行。根据性质与功能方面的异同，其具体的权利存在形式可以归纳为知情权、表达权两种类型。

（一）知情权

第三人享有的知情权与审查机构负有的信息披露义务相对应。在欧美地区，审查机构依法应主动披露、而非依申请被动披露的相关信息有：集中申报的受理情况、审查决定草稿、不特定第三人的评论和审查机构的反馈意见、最终的审查决定等。

（二）表达权

在一些国家和地区的经营者集中反垄断审查中，承认和尊重不特定第三人的表达权是既定的原则立场。整体而言，欧美地区的不特定第三人表达权可通过函告、听证和诉讼三种机制得以实现。

1. 函告

以书面形式致函反垄断审查机构，申述自己的意见和建议，是一种简便快捷的表达权行使方式。如，在 FTC 将“同意令”草稿在《联邦公报》上刊登后，有至少 30 天的“评论期”（comment period），社会公众——尤其是与集中有利

① 参见 Sherry R. Arnstein, A Ladder of Citizen Participation, Journal of the American Planning Association, Vol. 35, No. 4, 1969.

害关系者，可以向审查机构提交对这些草稿的书面评论意见。[①]

2. 听证

听证制度是现代行政程序法的核心，其借鉴了司法诉讼中的对抗机制，试图通过合理、透明的程序设计，为公众提供表达意见——尤其是潜在的反对意见的渠道，让行政权力以“看得见的方式”运行。欧盟委员会可以根据第三人提出的听证申请，或者依职权决定主动邀请某些第三人参加听证，为他们提供以书面或口头形式表达意见的机会，在“紧急情况下”，委员会“必须能够立即”为第三人“进行正式的口头听证”。[②]

3. 诉讼

第三人可作为诉讼参加人，就拟实施的经营者集中主张权利、提出异议，对最终的审查决定施加影响。

总之，第三人参与权以知情权、表达权这两类基本人权为本源，是经营者集中反垄断审查制度正义性、正当性的重要来源。欧美地区的相关制度虽不尽相同，但都将第三人视为相关审查活动中一类重要的法律主体，对参与权的行使方式都有细致规定。

三、中国的第三人参与问题

经营者集中反垄断审查决定所产生的影响，不可避免地波及到集中当事企业的竞争者、上下游产业的经营者乃至其他社会公众。但是，就整体而言，中国的反垄断审查存在审查过程不够公开、决定内容不够透明、案外人利益表达渠道不够畅通的问题，本质上仍然是一种非开放性的、暗箱式的权力运行机制，先天蕴含着失衡、失灵、失控的制度性风险。消减此类风险的思路之一，是运用不特定第三人参与权制度，对中国现有的反垄断审查机制加以改造。

《关于经营者集中附加限制性条件的规定（试行）》第八条规定：商务部在评估集中当事方提交的救济措施方案建议时，可以采用发放调查问卷、召开听证会、组织相关专家进行论证等方式“征求相关政府部门、行业协会、经营者、

① 见 16 CFR 2. 34（e），以及 FTC Operating Manual，§ 6. 13. 3，http://www. ftc. gov/foia/ch06consents. pdf.

② Commission Regulation (EC) No. 802/2004，whereas：(14).

消费者的意见”。

从这些规定来看，商务部承认第三人的意见之于反垄断审查的重要性，在审查决定作出之前，某些第三人也有可能获得向商务部表达意见的机会。但是，表达机会是商务部依其权力“可以”给予的，而非第三人依其权利“应当”享有的；获得表达机会的第三人是商务部选定的，且选定的范围、标准和程序为何、被选定者是谁、其代表性如何，外界一概不明，均由商务部内部掌握。因此，目前的相关规定只是赋予了商务部向第三人征询意见的权力，没有赋予第三人向商务部表达意见的权利。

因此，我国亟待承认和保障不特定第三人参与权，以期对当前的经营者集中反垄断审查机制加以改造和完善。

第三人参与权在我国的行政执法决策活动中不是新鲜事物，多部现行法律规范已有涉及，其中尤以《政府信息公开条例》和《行政许可法》的相关规定最为明确和典型。例如，在知情权方面，《政府信息公开条例》要求，政府应当主动公开“涉及公民、法人或者其他组织切身利益的”政府信息，“公民、法人或者其他组织可以根据自身生产、生活、科研等特殊需要”，向政府部门申请获取相关政府信息；在表达权方面，《行政许可法》规定，与他人申请的许可事项有重大利益关系的“利害关系人”，享有通过听证程序表达自身意见的“权利”。上述规定为在中国确立不特定第三人对经营者集中反垄断审查的参与权，提供了广阔的制度发展空间。

不特定第三人参与权在中国的确立与实现，还有赖于下述两类机制的具体构建：

1. 首先是全过程的信息公开机制。

信息公开的内容与时机应当涵盖反垄断审查程序的申报、审查、决定、执行全部过程；在受理集中申报后，应立即公开拟集中企业的名称、地址、集中方案、所涉产业领域等基本事实；在审查实施阶段、作出附条件批准集中的决定后，都应当做出相应的信息披露。

2. 其次是多渠道的意见表达机制。

第三人应当可以通过函告、听证、举报、行政复议、行政诉讼等多种方式实现其表达权：

总的看来，第三人参与机制对经营者集中反垄断审查机制的良好运行具有不可替代、不可或缺的价值，在欧盟和美国得到普遍确认和多重保障。然而，以欧美法为师的中国《反垄断法》却“忽视”了这一重要权利制度，个中缘由值得思索。笔者以为，这种现象不是立法起草者水平有限或疏忽大意造成的，而可能是一种刻意为之的“选择性盲视”，其深层原因与“行政立法部门化”背景下的“部门权力最大化”有关——中国《反垄断法》的立法草案由国家经贸委(即后来的商务部)、工商总局分别主导起草，这两个部门都曾寄望于通过对立法草案的把控，将反垄断行政执法权悉数收入囊中。[①] 在集立法者与执法者双重身份于一身的预期下，立法草案以扩权、赋权为本位，对欧美法中可能制约权力的不特定第三人参与权制度“视而不见”，也就不难理解了。

① 商务部与国家工商总局之间对反垄断立法权的争夺，甚至被认为是反垄断立法一度进展缓慢的“根本原因”。见张庆源、薛惟中：《谁来执法尚存争议〈反垄断法〉一审推迟》，载《经济观察报》2005年10月23日第3版。

第四节　平行救济措施的协调形成机制

一、平行执法环境的形成

美国在1890年成为世界唯一拥有现代意义上的反垄断法的国家，并且把这个"孤独"的纪录保持了大约60年。此后，利用反垄断法规制经营者集中的国家数量增势缓慢，然后从20世纪90年代开始"爆炸式"增长，[①]迄今合计已达120多个。这一系列数据变化，直观地反映了竞争法律文化在近代国际社会由缓而疾、横扫全球的传播过程，佐证了一个由众多竞争规制法域组成的多极化救济格局的成型。

从集中救济制度的全球传播过程来看，美国作为这种制度的创始国和总源头，其制度模式的影响力最为普遍和深远。欧盟的集中救济制度是源自美国经验的一条重要支脉，对共同体及周边地区的国家、大陆法系传统国家，有强烈的吸引力和示范性。[②] 欧美的制度文本，为很多后进国家的立法工作提供了缩写和摘抄的蓝本。因此，在集中救济制度的立法方面，包括中国在内的众多国家，都扮演了师法欧美的"拿来主义者"角色。

1945年美国Alcoa案[③]确立的"效果原则"（effect doctrine），开创了将一国竞争法适用于他国地域的先河。美国反垄断法的示范效应、各国反制他国反垄断法域外效力的主观需要，以及经济全球化、竞争国际化的客观情势，最

---

① See Abbott B. Lipsky, Jr., The Global Antitrust Explosion: Safeguarding Trade and Commerce or Runaway Regulation? 26 Fletcher Forum of World Affairs 59 (2002).

② 例如，对于东欧的前社会主义国家来说，根据欧盟模式制定其本国的竞争法，不只是出于规制其国内市场秩序的需要，而且是因为这实际上已经成为它们申请成为欧盟成员国的前置必要条件。

③ United States v. Alcoa, 148 F.2d 416 (2d Cir. 1945).

实施集中救济制度的国家数量①

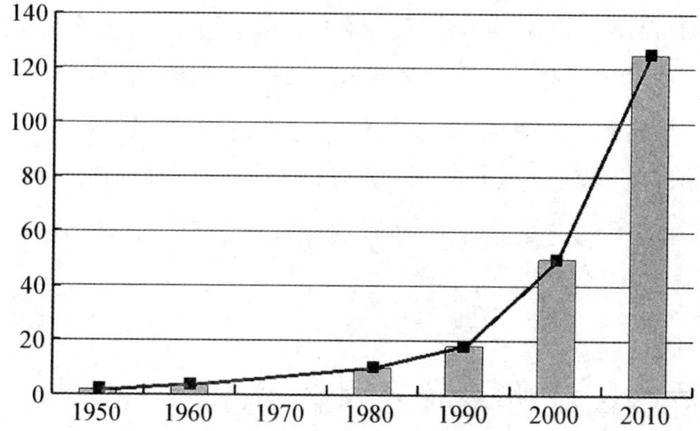

终促使越来越多的国家步美国之后尘，宣称其竞争法也具有域外适用效力。于是，各国都可以借此理论将反垄断管辖权“伸入”其他法域，与此同时又难以避免地被其他竞争执法当局反向伸入。这种现象几乎可以堪称人类法制史上的一个“奇观”，因为除了反垄断案件（尤其是对经营者集中的反垄断审查）之外，还从来没有其他类型的案件被各国执法机构如此大量、经常、普遍地施以跨境管制。

一项拟进行的经营者集中，可能同时触发多个竞争执法机构设置的门槛条件（这些条件通常是集中各方在境内外的营业额或占据的市场份额），因而须向多个当局提出申报，接受它们的“平行审查”。② 这种国际平行执法机制催生了大量的“异域同案裁决”，即：不同竞争法域对同一起集中交易案件进行

① 本图中缺失 1970 年的数据，其余数据资料的来源有 Arturo Bris，Christos Cabolis，and Vanessa Janowski，The Effect of Merger Laws on Merger Activity：Internationa Evidence，in Greg N. Gregoriou & Luc Renneboog eds.，Corporate Governance and Regulatory Impact on Mergers and Acquisitions，Academic Press，2007；Pradeep S Mehta，Why we must bust those air cargo cartels，The Financial Express，Dec 1，2010；The Inaugual Global Merger Control Conference：Navigating Uncharted Waters of GLobal Merger Regimes，http://www. concurrences. com/spip. php? action=acceder_document&arg=20792&cle=2b403b2844b3d3d7a502b1fdb9883832a5470a6b&file=pdf%2Fconcurrences_paulhastings_29102013. pdf.

② 例如，在“百特收购金宝案”（Baxter/Gambro）中，集中方向澳大利亚、欧盟、美国、中国、巴西、韩国、加拿大、土耳其和乌克兰都提交了反垄断审查申请。见 Baxter International Inc.，Notice Seeking Clearance pursuant to Section 66 Commerce Act 1986 by Baxter International Inc. http://www. comcom. govt. nz/dmsdocument/10882.

审查，各自做出是否采取以及采取何种救措施的多个决定。[①]

总之，集中救济制度的全球传播，极大地受益于区域经济自由化和国际经济一体化，但在众多法域分头执法的情况下，这一制度未必有利于全球统一市场的形成，甚至可能在某些情况下成为反竞争的产业保护政策的替代物。由此可见，基于国家利益本位和相关市场分析的差异，适用于大致相同的救济制度的不同国家，对于同一集中案件却采取相互冲突的救济措施，这是一种正常现象。

二、平行救济措施协调形成的必要性

各竞争执法当局在同一集中案件的救济措施形成过程中进行信息沟通、意见交流，从而争取使各自的救济措施内容彼此相容、相似乃至相同，却有其必要性。

（一）降低执法成本的需要

通过平行救济执法机构之间的信息交换，可以较低的成本，获悉相关信息所在地法域执法机构对相关信息进行查证后的判断态度，从而借此作为本法域执法机构判断相关资料信息可信度之重要参考因素，在很大程度上免去亲自查证之累。而且，通过对拟施加的救济措施内容的沟通，各平行执法机构还可以比照印证自身的审查方法、审查结论与救济措施的妥当性，从而降低错误执法的成本。

（二）降低合规成本的需要

合规成本是指拟实施集中的当事方为了向各平行执法机构提出审查申报、参加审查程序、救济措施的谈判、落实救济措施要求等而需承担的各种代价。

如果平行执法当局之间的审查文件要求、审查程序能够趋同，审查结论、

① 由于各法域对经营者集中实施反垄断审查的机构、程序不同，其结论性的审查意见可能以行政机关、准司法机关或法院的决定、判决等形式作出，为便于讨论，以下统称其为“裁决”或“决定”。

救济措施之间能够彼此相容(或者至少不冲突),那么对集中当事方而言无疑是一个福音,有利于大幅节省其合规成本。

(三) 维护执法权威的需要

集中方尊重和遵守救济制度的意愿,与其违反该制度而可能承担的实际不利后果相关。如果集中方在某个国家的境内没有活跃的营业活动,缺乏可以被扣留、罚没的财产,也不担心位于其他地区的财产被跨境强制执行,那么无视这个国家的竞争法律制度,对集中方来说就不啻为一种节约合规成本的理性选择,鞭长莫及的跨境执法者对此束手无策。[①] 易言之,集中救济执法者的权威,与其说来自本国法律赋予的纸面上的权力,不如更恰当地说,是因为该国的境内市场对集中方具有足够大的黏性和吸引力,以至于执法机构能够借此“利诱”或“要挟”集中方低头服法。

由此可见,一个国家的市场化程度和市场规模,与其经营者集中反垄断审查机构的权威性具有正相关关系。

三、平行救济措施的协调形成模式

各法域经营者集中反垄断审查执法机构之间的相对稳定的协调机制,主要有两种模式,一是缔结双边或多边的国际协定,按照协定约定的机制进行沟通协调;二是组成经营者集中共同审查机构,由该机构的统一作业在相当程度上取代各执法机构的分散作业。

(一) 国际协定

通过国际协定的制定签署实现不同法域执法机构在不违反在先的保密义务的情况下,对反垄断规制信息的沟通,始见于美国与德国于 1976 年签订的

---

① 为了避免被强制执行而将营业活动撤离某法域,也不失为一种“明智”的选择。举例而言,美国一家法院于 2013 年裁定中国华药集团及其子公司实施了操纵维生素 C 价格的垄断行为,判令其赔偿1.62亿美元。但有分析者指出,华药集团对美出口业务的营利少得可以忽略不计,而且在美国“没有任何可以被强制执行的资产”,中国也不会协助美国执行这一判决。因此,华药完全可以彻底退出美国市场,如此一来,巨额的罚金制裁“自然也就无从实现”了。见李雪:《华北制药十亿罚金无从执行 将成空头支票》,http://www.capitalweek.com.cn/2013-03-18/1164230629.html

《有关限制性商业行为的双边合作协议》(Agreement Relating to Mutual Cooperation Regarding Restrictive Business Practice)。该协议旨在使美德双方之间的反垄断执法机构合作规范化,在反垄断调查、诉讼、竞争政策研究、反垄断法修改等方面进行合作、协助,提供对方所关注的、涉及影响到本国或国际贸易的限制性商业行为的重要信息。

目前,中国也已与欧、美执法机构建立了在各自作出救济决定之前彼此沟通、协调立场的渠道机制和实践操作。这些渠道机制主要建构于三个法律文件之上,包括:商务部与欧盟竞争总局于2004年签署的《中国与欧盟竞争政策对话工作范围》,国家发展改革委、商务部和国家工商总局与美国司法部、联邦贸易委员会于2011年签署的《中美反垄断和反托拉斯合作谅解备忘录》,以及《中国商务部与美国司法部和联邦贸易委员会关于经营者集中案件合作指引》。这些文件的条款内容虽然还比较粗略,但为中国与欧盟、美国就反垄断执法的协调提供了长期合作框架。

总之,不同法域的执法机构之间订立的此类协议,可以在各方执法当局之间搭建起一个关于经营者集中反垄断审查信息的交流平台,并且在一定程度上发挥增进理解、拉近立场、减少分歧的作用,[①]但是协议并未构成对执法、司法主权的让渡,双方执法当局仍然拥有各自独立自主的法律实施地位,因此也就不保证绝对不出现意见相左的审查结果的出现。

(二) 国际组织

目前世界上规模和影响力最大、合作协调的程度最深、最彻底的经营者集中反垄断审查国际组织,当属欧盟。欧盟委员会是欧盟竞争法的执行机构,其下设的竞争局(Competition Directorate-General)具体负责竞争执法事务。实践表明,反垄断法国际合作的欧盟模式,通过建立统一的跨国执法组织机构,较为圆满地解决了欧共体成员国竞争法实施中的冲突问题。

---

① 例如,1996、1997年间,欧盟与美国关于Ciba-geigy/Sandoz集中案的审查,即被认为是双方协调合作的成功范例。

第四章
集中救济措施的实施机制

第一节　救济措施实施机制界说

一、救济措施实施机制的含义

"救济措施的实施机制"即：业已形成和具有法律拘束力的经营者集中反垄断救济措施，得以被确保付诸实现的方式，以及在其实现过程当中，相关法律制度之间、法律主体之间的关联关系。其研究重点集中于三个方面：谁来主导/推动实施，通过什么方式实施，各相关法律主体在实施过程中具有何种交互关系。

二、救济措施实施机制的种类

（一）反垄断法实施机制的基本分类

在现代英美法学和经济学的语境中，若以实施的主导/推动者作为标准，法律的实施可被分为两种基本类型：公共实施（public enforcement of law）与私人实施（private enforcement of law）。

所谓公共实施,可以理解为由领取统一工资的"政府"(公权力机构)雇员对违法行为进行调查,并对违法者提出指控,使其受到制裁,因法律的公共实施而获取的物质收益应归入公共财政。

就反垄断法而言,私人应当成为推动其实施的重要力量。反垄断法的私人实施应包括私人依据反垄断法律规范开展的监督、追诉、裁判违法行为的一切活动。

(二) 救济措施实施机制的分类

本文认为从实施救济措施的主体是公共机构还是私人的标准来看,救济措施的实施机制可以分为三种类型:公共实施、受托实施和私人实施;如果从实施救济措施的主体是一国主体还是多国主体来看,救济措施的实施机制可分为国内实施机制和国际平行实施机制。

这些实施机制的基本面貌将在本节中做如下概括介绍,并在本章后面四节中展开进一步的探讨。

1. 公共实施机制

此处的公共实施机制,特指由国家公权力专司机构负责对集中当事方执行救济措施要求的情况进行监督,对不执行、不完全执行者进行制裁,以确保救济目的决定得以实现的机制。

2. 委托实施机制

委托实施机制是公共机构与私人之间联合实施、但以私人为主要力量的一种救济措施监督机制。与单纯的公共实施不同,委托实施的主体还包括私人。此处的私人,专指基于公共机构的认可、被委托授权对集中当事方执行救济措施的情况进行监督乃至直接介入、干预和代替集中方执行救济措施的非官方人员或组织。受托的私人实施者是公共机构的力量延伸,向公共机构负责和报告,执行公共机构的指示,监督、干预集中当事方的行为、确保其合乎救济措施的要求,是此类私人实施者承担的义务,怠于履行该义务具有违法性。委托实施过程所需的成本,现实当中一般由集中当事方承担。

3. 私人实施机制

私人实施的具体机制表现,目前有监督、诉讼、仲裁三类。其中,私人监督是指私人对集中当事方的行为是否符合救济措施的各项要求进行监督,并向公共机构提供违规线索、证据等信息的行为；私人诉讼是指与集中当事方违反救济措施的行为之间具有法律上利害关系的私人提起诉讼，从而确保救济措施得以实现的过程；私人仲裁与私人诉讼有相似性，差异在于争议解决机制是非官方性质的仲裁机制，提起仲裁的法律基础是私法意义上的仲裁协议（条款），而非公法上赋予私人的诉讼权利。

4. 国际平行实施机制

不同国家的公共实施、委托实施、私人实施之间，都具有国际平行实施的性质。不过，考虑到公共实施的强制性、公共机构审查决定往往具有的域外效力性、公共机构之间可能存在的相互协调性等因素，本文此处的国际平行实施专指不同法域的竞争执法机构之间对各自做出的集中审查决定分头实施的交互影响机制。

第二节　救济措施的公共实施机制

一、公共实施的主体

救济措施是指由反垄断专司机构做出的对经营者集中予以禁止或施加限制性条件的决定。可能参加到救济措施实施过程的公共机构，自然首推做出决定的竞争执法机构。除此以外，参与到救济措施决定过程中的法院、对特定产业领域负有监管职责的规制机构，也有可能在某些意义上成为救济措施的公共实施主体。

（一）竞争执法机构

执法机构应该有动机和意愿对救济措施的实施状况进行监督、对违反救济措施规定的集中当事方施以纠正。为了保证对救济措施实施过程的监管，竞争执法机构应设专门办理此项职责的机构和人员。

以美国司法部为例，对救济措施实施状况进行全面督导的职责在其总顾问办公室（Office of the General Counsel）。该办公室在具有产业规制经验的律师、经济学家的辅助下，直接管理具体事务部门对集中当事方执行救济措施之合规性的持续审查、对可能存在违反救济措施的行为进行评估，此外还负责向司法部副检察长提供建议。[①]

在我国，负责对经营者集中进行反垄断审查的是商务部，但我国《反垄断法》并未明确将实施救济措施的权力赋予商务部。不过，从《反垄断法》第四十

① Department of Justice, Antitrust Division Policy Guide to Merger Remedies (June 2011), available at http://www.justice.gov/atr/public/guidelines/272350.pdf.

八条关于“经营者违反本法规定实施集中的，由国务院反垄断执法机构责令停止实施集中、限期处分股份或者资产、限期转让营业以及采取其他必要措施恢复到集中前的状态，可以处五十万元以下的罚款”的规定来看，商务部应当是实施救济措施的当然适格主体。

（二）产业规制机构

统计显示，除澳大利亚、新西兰等少数国家之外，英、美、法、德、加、韩等多数国家的反垄断执法机构均不独享竞争规制职权，产业规制机构都具有不同程度的竞争规制职责。以美国为例，其司法部、联邦贸易委员会依据反垄断法和作为产业规制机构的联邦通讯委员会（FCC）依据《1934 年通讯法》，对该国电信产业均享有竞争规制职责。在涉及广播电台执照移转的经营者合并案件或同时违反产业规制和反垄断法的案件中，这三家机构之间会发生职权重叠的情况。美国联邦最高法院曾有判例表明，FCC 独享针对违反《美国电信法》损害消费者利益的垄断行为的执法权，司法部或联邦贸易委员会对此不具有管辖权。又如，德国 2005 年新组建的“联邦电力、天然气、电信、邮政和铁路网状监管局”，其法定职责之一，就是确保这些产业领域的竞争公平、有效、不受扭曲。该局有权依照《德国电信法》查处电信领域的反竞争案件。再如，英国通信办公室（Ofcom）虽然是负责管理英国商业电视、电台广播、有线和移动电话、无线电频谱的规制机构，但其内部有专设的竞争政策工作组负责制订市场政策以促进竞争，并对相关产业的经营者违反竞争规则的行为进行调查，对企业间的竞争争议进行裁判，与英国公平贸易局（OFT）联合执行竞争法。总之，新设或已有的产业规制机构正在越来越多地承担起促进竞争的职责。①

二、公共实施的监督机制

中国商务部对救济措施的实施状况有无监督权？这似乎是一个不言而喻的多余问题，本能的答案可能是肯定的。不过，从中国《反垄断法》的文本来看，似不无疑义。

---

① 李俊峰：《产业规制视角下的中国反垄断执法架构》，《法商研究》2010 年第 2 期。

《反垄断法》中与执法机关监督权相应的规定见于第六章"对涉嫌垄断行为的调查"。[①] 该章屡次提到的"调查",其指向的对象被限定为"涉嫌垄断的行为"。那么违反救济措施规定的行为,是否属于"涉嫌垄断的行为"? 商务部是否有权依据该章规定,对救济措施实施情况进行调查? 笔者认为,从对《反垄断法》文本的狭义理解来看,对这两个问题应区分具体情况才能作答:如果违反救济措施要求的行为本身也违反了《反垄断法》,那么商务部对此类行为无疑具有调查权(监督权);如果该行为仅违反了救济措施的要求但并不违反《反垄断法》,则依法不属于商务部可得监督的范畴。

以商务部对诺华/爱尔康案[②]、谷歌/摩托罗拉案[③]的审查决定为例,将其中的具体救济措施要求分为两类制成下表加以说明:

表一　诺华/爱尔康案和谷歌/摩托罗拉案救济措施比照

	法定合规要求	决定合规要求
诺华/爱尔康		至2010年底,诺华全面停止向中国销售易妥芬产品。
		商务部审查决定生效之日起5年内,诺华不得重新将易妥芬产品或以新名称出现的同样产品投放中国市场。
		商务部审查决定生效之日起5年内,不得将其在本交易交割前所拥有的,诺华在中国之外的其他国家销售的眼科抗炎/抗感染化合物产品投放中国市场。
		商务部审查决定生效之日起12个月内,诺华终止上海视康与海昌隐形眼镜公司之间的《销售和分销协议》。

① 该章第三十九条规定:"反垄断执法机构调查涉嫌垄断行为,可以采取下列措施:(一)进入被调查的经营者的营业场所或者其他有关场所进行检查;(二)询问被调查的经营者、利害关系人或者其他有关单位或者个人,要求其说明有关情况;(三)查阅、复制被调查的经营者、利害关系人或者其他有关单位或者个人的有关单证、协议、会计账簿、业务函电、电子数据等文件、资料;(四)查封、扣押相关证据;(五)查询经营者的银行账户。"

② 商务部公告2010年第53号。

③ 商务部公告2012年第25号。

续 表

	法定合规要求	决定合规要求
谷歌/摩托罗拉	谷歌应当在安卓平台方面以非歧视的方式对待所有原始设备制造商。	谷歌将在免费和开放的基础上许可安卓平台，与目前的商业做法一致。
	本次交易后，谷歌应当继续遵守摩托罗拉移动在摩托罗拉移动专利方面现有的公平、合理和非歧视义务。	谷歌按照商务部规定委托独立的监督受托人对谷歌履行上述义务的情况进行监督。

在诺华/爱尔康案中，救济措施均属"决定合规要求"。例如，无论是在2010年底之前抑或之后，诺华"向中国销售易妥芬产品"的行为本身都不具有反竞争性。因此，如果诺华违反承诺，在2010年底之后继续向中国销售此类产品，那么该行为并不能认为是"涉嫌垄断的行为"。

从反垄断法的角度看，这些既有市场势力、竞争优势的取得未必具有非法性，因此未按商务部的审查决定要求实施这些对冲措施，不属于对反垄断法的违反。因此，商务部无权依据《反垄断法》第六章关于"涉嫌垄断行为"的调查权规定对违反决定合规要求的情况进行监督。

在谷歌/摩托罗拉案中，"以非歧视的方式对待所有原始设备制造商"，遵守"专利方面现有的公平、合理和非歧视(FRAND)义务"，对于谷歌而言具有《反垄断法》层面上的合规性意义。即，如果谷歌违反了该两项救济措施的要求，则同时属于涉嫌触犯《反垄断法》的行为，属于商务部依据《反垄断法》可得监督(调查)的情形。

上述分析可见，我国《反垄断法》并未为反垄断执法机构就监督救济措施的实施状况提供完整和必要的调查权限。为了弥补立法技术上的这一缺憾，有待择机对《反垄断法》第六章中"反垄断执法机构依法对涉嫌垄断行为进行调查"的表述进行修订，可考虑改为"对涉嫌垄断的行为和经营者集中附加限制性条件的实施情况，反垄断执法机构依法进行调查和监督"。

三、公共实施的制裁机制

公共实施机构对违反救济措施要求的集中当事方给予足够严厉的制裁，

是惩罚违规者、威慑潜在违规者、促使救济措施得以切实执行的重要保障机制。

通常而言，民事制裁由私人发起启动。不过，由于立法体例的差异性，一些国家的公共机构也有权提起民事诉讼，藉此追究违反救济措施要求的集中当事方。

例如，美国司法部如果认为存在违反救济措施要求的情形，将视为其的"藐视举动"(contempt)并采取追诉行动。[①] 追诉的性质有民事和刑事之分，该两者可单独适用，也可并行适用。民事程序是通过法院出具的令状强制集中当事方执行救济措施的要求，或者令违反者补偿受害人的损失，因而具有救济性的目的。[②] 此外，司法部可以寻求临时禁止令，或根据违反救济措施的期间，按照天数累加计算的民事罚款。

将违反救济措施要求刑事化的国家有若干。例如，爱尔兰法律规定，违反关于救济措施决定中相关承诺者系属犯罪，依据简易程序定罪的，可能被处于最高 3 000 欧元的罚金和/或 6 个月徒刑；依据普通程序定罪的，罚金可高达 10 000 欧元，刑期长至 2 年；此外，还可根据违反行为持续的天数，按 300 欧元/天(简易程序认定的犯罪行为)或 1 000 欧元/天(普通程序认定的犯罪行为)的标准处以额外的罚金。依据爱沙尼亚《刑法典》的规定，对屡次违反救济措施要求者，可处以最长 3 年的徒刑并处罚金。[③]

行政法律责任方面，常见的制裁方式有责令改正、撤销对集中的审查决定、要求已实施的集中恢复至未集中之前的状态、行政罚款等。依据我国《反垄断法》第四十八条的规定，"经营者违反本法规定实施集中的，由国务院反垄断执法机构责令停止实施集中、限期处分股份或者资产、限期转让营业以及采

① 此类执法案例可参见 Work Wear Corp., 602 F. 2d 110; United State v. Morton Plant Health Sys., Inc., 2000 WL 33223244 (M. D. Fla. July 14, 2000); United States v. Smith Int'l, Inc., 2000-1 Trade Cas. ¶ 72,763 (D. D. C. 2000); United States v. FTD Corp., 1996 - 1 Trade Cas. ¶ 71,395 (E. D. Mich. 1995); United States v. N. Suburban Multi-List, Inc., 1981 - 2 Trade Cas. ¶ 64,261 (W. D. Pa. 1981); United States v. Microsoft Corp., 147 F. 3d 935, 940 (D. C. Cir. 1998).

② 可参见的案例有 United Mine Workers v. Bagwell, 512 U. S. 821, 826 - 30 (1994); IBM v. United States, 493 F. 2d 112, 115 (2d Cir. 1973)等。

③ 参见 Merger Remedies Matrix, available at http://www.concurrences.com/spip.php?page=mrm_reports_search_results&id_rubrique=671&sujets=739.

取其他必要措施恢复到集中前的状态,可以处五十万元以下的罚款"。

整体而言,有公共机构发动的对违法救济措施要求行为的制裁机制,是各法域民事、行政、刑事法律责任追究机制中的组成部分,与其他违法行为一体适用相关程序法,长期以来已有较为充分和大量的探讨,故本文不再对其展开讨论。

第三节　救济措施的私人实施机制

一、私人监督机制

私人监督是指私人对集中当事方的行为是否符合救济措施的各项要求，自愿、自发地进行监督，并向公共机构提供违规线索、证据等信息的行为。

私人监督的优势主要表现在泛在性、长期性、经济性、积极性和独立性五个方面。

(1) 泛在性

所谓泛在性，是指私人监督可能具有无处不在、无时不在的特性。私人监督的实施主体是不特定的非官方人士和组织。任何有机会接触、了解和掌握集中当事方不当执行救济措施信息的私人，都有可能成为私人监督主体。

如果以集中企业的边界划分，此类监督者可以分成“内部人”和“外部人”两类，他们共同形成了“无处不在、无时不在”的监督者群体。

(2) 长期性

私人监督者的身份并非基于授权任命取得，而是基于私人具有自发的监督意愿和现实的监督能力，因此其监督者身份不受期限限制、不被提前终止，且不存在身份丧失或被剥夺的可能。

(3) 经济性

监督过程当中所需消耗的经济成本，完全由私人自行承担，既不依赖公共财政资源，也不会给集中当事方造成无谓的财力负担。

(4) 积极性

私人之所以自愿、无偿、持续地担任监督者，是因为他们具有区别于公共机构、受托人的主观动机和利益激励。例如，集中当事方的竞争者、下游或上游交易对象、终端消费者等，可能直接或间接地成为违规行为的受害人。因此，监督、举报违规行为，就成为这部分私人自然而然的积极和理性选择。

（5）独立性

由于私人监督者数量庞大、身份隐蔽，对于集中当事方而言，试图通过"俘获"、"收买"少数监督者达到杜绝其违规行为被揭发的企图很难得逞。卓然的独立性是私人监督者有别于公共机构和受托人的显著特征。

在目前各国的经营者集中反垄断审查决定的合规性监督实践中，尚缺乏成熟有效的私人监督与公共实施相结合的制度设计。学界有关于引入"罚款分享"思路、借鉴美国《民事欺诈给付请求法》(Civil False Claims Act of 1986)来完善私人监督机制的建议，值得认真考虑。

在当今法律制度中，最典型的罚款分享法律制度当属美国的《民事欺诈给付请求法》。该法规定，如果发生对美国政府提出欺诈性给付请求的情况，掌握有关信息或线索的私人可向司法部告发，司法部据此代表国家向被告发者追偿，并将追偿金额的一部分分配给告发人；如果司法部在接到私人的告发后决定不对被告发人追偿，则私人可自行代表国家向被告发者追偿，并将追偿金额的一部分留为己有，其余的上缴国库。这一机制极大地鼓舞了私人参与监督的热情，为监视、发现和查处欺诈政府财政资金的行为提供了有力支持。[①] 面对如此"辉煌"的战绩，难怪许多学者盛赞罚款分享制度，称其"在公权力机关与私人之间建立了一种共同查证和惩处违法行为的合作关系"。[②]

在经营者集中反垄断审查决定的私人实施机制中，可以借鉴上述罚款分享理念，鼓励私人监督者向公共实施机构提供举报线索和相关证据，并提供相应的经济激励。当然，此类制度设计应与各法域当地的法制环境

① 据统计，1986 年到 2002 年，美国政府依据私人监督者提供的信息和线索，对在政府采购过程中实施欺诈行为的厂商共提起近 4 000 起诉讼，征缴赔偿和罚款 63.85 亿美元，监督举报人从中获得奖励 9.878 亿美元。上述统计数据来自美国司法部，可参见"纳税人反欺诈组织"的网站：http://www.taf.org/publications/anniversary5.htm

② William E. Kovacic, Whistleblower Bounty Lawsuits as Monitoring Devices in Government Contracting, 29 Loyola of Los Angeles Law Review, 1996, p. 1798.

相适应。[①]

二、私人诉讼机制

此处的私人诉讼是指因经营者未适当执行集中审查决定而受到损害的或其他依法适格的私人,以获得赔偿、纠正不当执行救济措施行为为目的,针对集中当时经营者提起的民事诉讼。

经营者集中反垄断审查决定实施中的私人诉讼,本质上是反垄断私人诉讼的一种表现形式,虽然或多或少具有某些个性特征,但其与反垄断法意义下的私人诉讼问题具有大致相同的共性问题,对此国内外已有较多文献论及。[②]限于篇幅,本文对私人诉讼机制问题不再赘述。

三、私人仲裁机制

(一) 私人仲裁的构造特点

私人仲裁机制,是指当经营者不当执行经营者集中反垄断审查决定的行为同时也构成对其他私人民事权利的侵害,且该私人与经营者之间具有将此民事争议提交仲裁解决的协议时,私人据此提起仲裁,以谋求其私人权利获得救济,并且在客观上产生促使经营者恪守救济措施决定的过程。

例如,依据集中当事方提出的救济承诺和反垄断机构做出的救济措施决定,集中当事方应当向第三方以某种条件开放关键设施。但第三方认为集中当事方未完全遵守该承诺并与其发生争议,该争议既是平等商事主体之间的私法争议,也是集中当事方与反垄断执法机构之间具有公法

---

① 有关私人监督制度涉及的进一步讨论,可参见李俊峰:《反垄断法的私人实施》,中国法制出版社 2009 年版。

② 可参见时建中:《私人诉讼与我国反垄断法目标的实现》,《中国发展观察》2006 年第 6 期;李国海:《反垄断法实施机制研究》,中国方正出版社 2006 年版;王健:《反垄断法私人执行—基本原理与外国法制》,法律出版社 2008 年版;李俊峰:《反垄断法的私人实施》,中国法制出版社 2009 年版。

性质的争议。在一些法域看来,此类争议宜于通过仲裁机制解决。①

他们之间的典型法律关系构造可用下图说明。

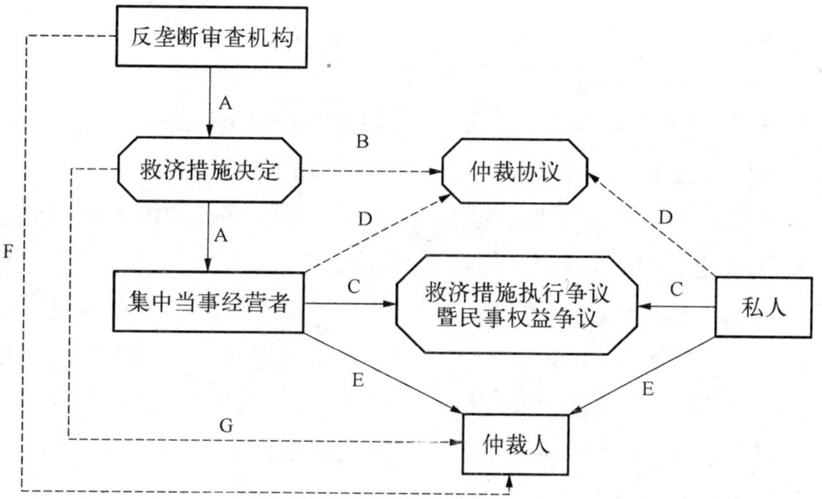

具体而言,上述关系构造经由若干环节形成:

环节 A:经营者集中反垄断审查机构作出采取救济措施的决定,该决定对集中当事方构成公法上的拘束力;

环节 B:在救济措施决定中,可能含有要求集中当事方接受将未来可能发生的特定类型争议提交仲裁解决的内容;

环节 C:集中当事方在执行(或不当执行)救济措施决定过程中,与私人发生争议。该争议既是双方之间的民事权利义务争议,又是涉及到集中当事方的行为是否符合救济措施要求的争议,因此兼具私法与公法争议的双

① 例如,《欧盟委员会关于在欧共体 139/2004 号理事会条例和 802/2004 号委员会条例项下可接受的救济措施的通知》(Commission notice on remedies acceptable under Council Regulation (EC) No 139/2004 and under Commission Regulation (EC) No 802/2004)第 66 段提出:"进入承诺(access commitments)本身通常较为复杂,有必要包含决定提供进入路径条款与条件的基本条款。为确保其有效性,此类承诺必须含有对其实施监督所需的程序性要求……以及适当的监督机制(monitoring devices)。一般而言,此类监督应由市场参与者(例如那些希望从救济承诺当中获益的经营者)自行实施。第三人实施救济承诺的一种特定方式,是通过仲裁程序快速解决争议的机制,成员国对相关市场有专门监管机构的,该机构可参与到仲裁程序中。如果欧盟委员会的结论是承诺的机制预计可以由市场参与主体自行有效、及时实施,那么委员会就不必对救济措施的实施进行持久监督。在此类案件中,惟当集中方不遵守此类争议解决机制所做裁决时,委员会方有必要施加干预。"

重性质；

环节D：集中当事方与私人之间可能达成将争议提交仲裁的协议；

环节E：集中当事方与私人之间的争议，基于就救济措施中关于争议须提交仲裁的要求，或者救济措施中虽无仲裁要求，但集中当事方与私人事后自行达成的仲裁协议，将争议提交仲裁；

环节F：反垄断审查机构可能以某种身份参与到仲裁程序当中，对救济措施的内容作出说明，对争议事项的处理阐述立场。

上述私人仲裁关系构造的基础，是经营者集中反垄断机构做出的包含通过仲裁解决相关民事争议要求的救济措施决定；除此之外，也不排除虽然救济措施当中并无关于仲裁要求，但集中当事方与相关民事主体在争议发生之前或之后，自主自愿地订立仲裁协议，从而构造形成私人仲裁关系的可能性。不过，后一种情形属于通常可见的仲裁法问题，已有大量专门研究，因此本文中对其略而不谈，重点讨论前一种情形。如无特别说明，后文所称的私人仲裁，其关系构造均如上图所示。

总之，“作为私人实施方式的仲裁，有利于在不费公帑的情况下，确保对中长期的行为救济措施进行监督。可得选择诉诸仲裁，使所有潜在的受益第三人获得了促使集中方完全履行救济措施、通过仲裁获得救济、获得权利的动机。受益人的私人利益激发了他们的警觉，这种机制可能比委员会层面的公执法程序更加有效。”[①]

不过，上述比较优势分析只是理论上的某些可能性，在当前的具体适用过程中，仍然存在大量有待思索和解决的问题（下文“私人仲裁的困境思辨”部分将对此类问题做更为详尽的列举）。如何将这些优势转变为现实，还有赖进一步的理论研究建构与制度实践探索。

（二）私人仲裁的实践状况

1. 私人仲裁的缘起

欧盟委员会已经承认仲裁的优势，在审查经营者集中申报时，经常会要求

① Gordon Blanke, The role of international arbitration in EC Merger Control: an update, Derecho de la Competencia Europeoy Español. Curso de iniciación, Vol. VIII.

经营者为争取获得批准而提供包括同意以仲裁方式解决相关民商事争议在内的部分或一揽子式的承诺。欧盟成员国的法院也已多次表达了对竞争问题可仲裁性的尊重。

关于美国《谢尔曼法》下的争议是否可通过仲裁解决，一起较早的判例是 Mitsubishi Motors Corporation vs. Soler Chrysler-Plymouth, Inc. 案。[①] 该案原告向美国地区法院起诉，被告则反诉原告，称原告违反了《谢尔曼法》中关于不得通谋划分市场、限制交易的规定。地区法院判决认为依据双方的协议，本诉和反诉均应通过仲裁解决。二审上诉法院以反垄断案件不得适用仲裁为由推翻一审判决。最终，美国最高法院又推翻了二审判决，认为反垄断争议本质上并非不可仲裁，双方既已达成仲裁条款，即可推断仲裁机制符合其双方的利益。而且，最高法院相信可以找到有能力、中立的仲裁员，当事方有权在仲裁中请求获得三倍损害赔偿。最高法院还指出，如果仲裁庭未对三倍赔偿请求给予“恰当关注”，法院有权以该裁决违反美国的公共政策为理由拒绝认可。

整体而言，时至今日，兼具民商事争议性质的经营者集中救济措施争议可以通过私人仲裁机制解决的观点，在欧美法域已被普遍接受。

2. 仲裁合意的体现

在拟实施集中的经营者向审查机关提交救济承诺之时、救济措施决定作出之前，经营者尚未进入救济措施的实施阶段，因而通常也还未涉及在救济措施项下与第三人订立书面仲裁条款的问题。审查机构往往是通过预先为集中当事方设定某些义务“要求”的方式，在经营者与潜在的第三方私人之间，“预先”建立起某种“可能”的仲裁关系。试举实例若干：

在 British Airways/TAT 案[②]中的审查决定中，欧盟委员会要求，“如果 BA 公司不能与交易相关方在合理的时限内达成协议，则 BA 公司应任命一名仲裁员（解决该争议）。该仲裁员的任命需得到代表欧盟委员会或代表欧盟委员会的竞争总司的认可。”

Axalto/Gemplus 案[③]的救济措施要求：集中当事方与其他主体发生民事

---

① 473 U.S. 614 (1985).

② Case No. IV/M. 259.

③ Case No COMP/M. 3998.

争议的，须经监督受托人调解，调解不成，则当事方可依据国际商会的规则和仲裁条款的约定提请仲裁。仲裁请求中应包含的文件资料，包括应包含待决的法律和事实争议事项，以及所有相关文件、证人证言、专家报告和完整的期待集中方签署以解决争议事项的合同草案，监督受托人的提议和第三人对提议的意见，等等。集中方必须在10日内作出答复，并配以所有相关证据。仲裁庭组成后的3周内进行言辞听审；立案后的1至3个月内作出最终裁决。

从仲裁合意的上述体现形式来看，欧盟在经营者集中反垄断审查决定中关于要求集中方同意某些类型的民事争议交诸仲裁解决的内容，并无固定或标准“模板”，而是“因案而异”。这种现象的成因，某种程度上源于反垄断审查机构在运用公权力在私人之间“创设”仲裁合意方面的发展性、探索性和不稳定性，但也可能是经营者集中个案之间巨大的差异性造成的。

(三) 私人仲裁的协议机理

依学界一般见解，仲裁程序的启动须基于当事各方之间订有“书面化”的仲裁协议。私人仲裁当中，是否存在此类“仲裁协议”，值得探讨。

联合国1985年制定、2006年修订的《国际商事仲裁示范法》[①]第7条（第一种可选方案）[②]规定：“仲裁协议应为书面形式（shall be in writing）”，“仲裁协议无论是否为通过口头、行为或其它方式缔结之协议或合同，其内容以任何形式得以记载者，即为书面形式”，包括“电子通信”（electronic communication）、“数字信息”（data message）等。

我国仲裁法也采用仲裁协议应为书面形式的观点。“书面形式”的表现方式有两大类，一是在“合同中订立仲裁条款”的书面形式，二是除此以外的“其他书面方式”。

私人仲裁是否具有“书面形式”的仲裁协议？如果有，是以何种方式记载？可以何种方式展示？这些问题涉及私人仲裁在现行仲裁法制理念下是否具有

---

① UNCITRAL Model Law on International Commercial Arbitration 1985 with Amendments as Adopted in 2006, http://www. uncitral. org/uncitral/en/uncitral _ texts/arbitration/1985Model _ arbitration. html. 该示范法没有现实的法律拘束力，起草该示范法的目的，是促进世界各国形成较为统一的仲裁程序法和实践操作规则。

② Option I, Article 7. De nition and form of arbitration agreement.

“合法性”，但不无疑义，有分析和澄清之必要。

救济措施决定的仲裁要求具有双重属性：一方面，是集中当事方自愿向反垄断机构做出的救济承诺；另一方面，是反垄断机构做出的具有公法上效力的救济决定。易言之，救济措施当中的仲裁要求，实际上反映了集中当事方愿意将其与某些民事主体之间的某些争议提交仲裁解决的意思表示。

救济措施决定中包含私人仲裁协议尚未真正订立和存在的条款。当其他民事主体自愿适用此类条款，据此向仲裁机构提出私人仲裁请求时，即相当于以其请求仲裁的行为，表达了对前述仲裁协议要约的承诺。此刻，仲裁协议即宣告订立，而无须由集中当事方与仲裁申请方再行以其他方式“订立”仲裁协议。

当然，如果救济措施决定里虽有私人仲裁条款（仲裁协议要约），但是争议相对方弃之不用（未就仲裁协议要约做出承诺），仍选择通过诉讼方式解决相关争议，那也并无不可。在这种情形下，仲裁协议未能达成。

私人仲裁机制在与中国的经营者集中反垄断审查机制相遇时，面临着诸多技术障碍和策略选择困境。主要表现在：

在现有的国内仲裁机构仲裁员当中，没有任何人的专业、经验和权威性足以公认地达到高于上述官方机构的程度。合适仲裁人员的缺失，使私人仲裁在中国国内难以成为令人信服的反垄断争议解决机制。

如果中国商务部认可在救济措施中引入私人仲裁机制，那么集中当事方在提交救济承诺方案时，有可能希望指定在中国境外的某家仲裁机构或某地，作为私人仲裁的受理机构和地点。

如果被提议的该仲裁机构在私人仲裁领域享有的“国际声誉”，使人难以从法理、制度和合理性的角度提出异议，那么就有可能出现这样的情形：针对一起对中国的市场竞争秩序具有或可能具有不利影响的经营者集中，中国的反垄断机构施加的救济措施，却要求与经营者有民商事争议的第三人，向中国域外的机构、在中国域外的某地提出仲裁请求。

对于目前的绝大多数中国本地人员和机构来说，提起仲裁会带来显著高昂的成本和障碍，例如差旅签证的不便、语言文化的不通、制度规则的陌生、各种费用的增加等等。这些因素将使当事人提起仲裁的动机和激励遭受极大打击，不符合引入私人仲裁机制、经济快速解决相关民事争议的目的。而且，将涉及中国市场竞争秩序规制的争议问题交诸域外机构，而中国反垄断机构又缺乏参与和影响仲裁过程与结果的渠道，或有放纵其他国家或组织架空中国当局的竞争政策之虞。①

① 一国受理国际商事仲裁的仲裁机构与仲裁业的发达，可给该国带来其他巨大的利益和好处，可使该国的司法权威借助仲裁向世界各地扩张，从而增强其参与国际规则、公约制定的话语权和影响力，提升其国际地位。参见王红松：《律师在仲裁中应注意的法律问题》，http://www.bjac.org.cn/news/view.asp? id=1649.

第四节　救济措施的受托实施机制

一、受托实施机制的概念

(一) 受托实施的含义与特征

受托实施是指经公共机构认可的私人，以向公共机构负责的受托人角色，促使集中当事方履行救济措施的各项要求。受托实施机制是指受托实施活动的运行过程以及相关法律主体之间的交互关系模式。①

与公共实施和私人实施相比，受托实施具有诸多鲜明特征，可概括总结如下表所示：

表二　受托实施、公共实施和私人实施特征比照

	受托实施	公共实施	私人实施
实施的主体	私人	公共机构	私人
取得实施主体身份的依据	合同约定	法律规定	法律规定
实施行为对集中当事方是否有强制性	是	是	否
实施的动机	合同约定的报酬	公共利益	公共或私人利益
实施主体是否向公共机构负责	是	/	否

① 本文从私人实施与公共实施相融合的角度来定位受托实施机制，将受托人的身份限于“私人”(包括自然人、法人或其他组织)。不过，从广义上看，以“受托人”名义协助反垄断专司机构保障救济措施实施的主体，也可能是公共机构(例如，在 Verbund/Allianz 案(Case COMP/M. 2947)中，澳大利亚能源监管部门 E-Control 承担了监督受托人的角色。参见韩伟：《经营者集中附条件法律问题研究》，法律出版社 2013 年版，第 148 页)。不过，以本文视角来看，由公共机构担任监督受托人的救济措施实施机制，仍然属于公共实施机制。

续 表

	受托实施	公共实施	私人实施
实施主体是否接受公共机构的指令	是	/	否
实施行为的职责权限	合同约定	法律规定	法律规定

(二) 受托实施者的基本类型

从目前国际上的实践经验来看，根据受托人职责与权限的差异性，大致可将受托人分为经营受托人、监督受托人和剥离受托人三类。

1. 经营受托人

经营受托人(operating trustee)是负责根据救济措施条款的要求，负责对待剥离的全部或部分营业进行日常管理，确保“保持独立营业(hold-separate business)”能以具有竞争力的方式获得经营的私人。

经营受托人具有直接对集中当事方的业务活动进行经营管理，以维护特定业务的生命力和竞争力的独特功能，具有维护竞争秩序的直接“干预者”和维护资产市场商业价值的“经营者”的双重角色。

2. 监督受托人

监督受托人可以被界定为“接受委托，对集中当事方执行救济措施要求的情况进行监督，并向公共机构报告相关情况的私人”。监督受托人的基本职能，是对集中当事方执行救济措施要求的情况进行监督检查并向竞争执法机构汇报，但并不直接干预集中当事方的经营管理活动，因此是救济措施实施情况的“观察者”、“报告者”，而非集中当事方经营管理活动的直接“干预者”。

3. 剥离受托人

剥离受托人是受托对集中当事方资产的剥离条件(包括买受方的遴选、出售的价格等)直接做出决策的第三方私人。剥离受托机制一般用于集中当事方未能在规定时限内自行完成资产剥离的情况，剥离受托人不但是集中当事方资产剥离情况的“观察者”和“报告者”，更重要的是，其还又扮演着强行推动完成资产完成剥离的直接“干预者”角色。

二、受托实施关系的性质

受托实施机制的法律基础关系具有民事委托的外观特征，却同时能够发挥与行政委托相似的功能效用，故该委托的法律性质究竟为何存疑，有探讨澄清之必要。

（一）民事委托合同的外观

从欧美法域及我国实践情况看，设立委托关系的依据外观上具有“民事委托”合同关系的特征。

例如，欧盟委员会在其《最佳操作指南：委员会关于在集中条例下资产剥离承诺及受托人选任的范本》①中指出：受托人选任范本“是剥离当事方与受托人之间的双务合同(bilateral contract)，该文件是委员会、受托人和当事方三者关系的基础”。

《关于经营者集中附加限制性条件的规定（试行）》规定：监督受托人是指“受申报方委托”并经商务部同意，在自行剥离阶段负责对剥离进行监督的自然人、法人或其他组织；剥离受托人是指“受申报方委托”并经商务部同意，在受托剥离阶段负责出售剥离业务的自然人、法人或其他组织，“剥离义务人应负责支付监督受托人和剥离受托人报酬”。

总之，仅从外观特征和文字措辞判断，受托实施机制的法律基础似乎应为“民事委托合同”。

（二）公共权力委托的功用

此类合同的谈判、缔结和履行，并非委托人与受托人任意私相授受自行商定即可，而是具有非常浓烈的公权力干预色彩。

1. 受托人选决定权

欧盟《最佳操作指南：委员会关于在集中条例下资产剥离承诺及受托人

---

① Best Practice Guidelines：The Commission's Model Texts for Divestiture Commitments and the Trustee Mandate under the EC Merger Regulation，5 December 2013. 需要说明的是，该范本旨在为集中当事方向欧盟委员会提交救济承诺时提供“指南”之用，在当事方等自愿选择适用和签署之前，并无当然和确定的法律拘束力。不过，范本的内容显然表明了欧盟当局的倾向性观点，或者只是支持范本内容的态度。

选任的范本》要求，集中当事方“应向委员会提供其提议批准任命为监督受托人的一个或多个人的名单”，“委员会有权批准或否决被推荐的受托人”。如果当事方“推荐的受托人都被委员会否决，委员会将选任一名受托人，当事方必须按照委员会批准的受托人委托事项，任命或促使任命该受托人”。

2. 合同条款审核权

美国联邦贸易委员会做出的救济决定当中包含的一处典型条款是：“当事方须同意与监督受托人权力、义务、授权和责任相关的下列条款和条件”，并在决定中对此类条款、条件加以详述，而且“当事方应按经 FTC 审定的内容签署委托协议”。①

3. 听取受托人报告权

《关于经营者集中附加限制性条件的规定（试行）》（以下简称“《试行规定》”）要求，监督受托人应当“对剥离义务人推荐的买方人选、拟签订的出售协议进行评估，并向商务部提交评估报告”，“应商务部的要求提交其他与剥离有关的报告”。而且，商务部对此类报告的内容及相关信息具有专享权，受托人向包括集中当事方在内的第三人“不得披露”。

4. 对受托人的指示权

商务部原《关于实施经营者集中资产或业务剥离的暂行规定》（以下简称“《暂行规定》”）要求，“非经商务部同意，剥离义务人不得对监督受托人和剥离受托人发出指示”。

（三）涉他民事合同的视角

本文认为，将受托实施视作“涉他民事合同”或更为合理、可行。

首先，它是民事合同。正如律师服务的费用应由作为委托人的公司自行承担、而非由证券监管机构承担一样，受托人的服务费用应由集中当事方承担，而非竞争执法机构承担。

其次，它是涉他合同。一般民事合同的权利义务内在于合同当事人之间，涉他合同则包含为他人设定的权利安排。受托人委任合同为竞争执法当局设立了受托人选决定权、合同条款审核权、听取受托人报告权、对受托人的指示

① El Paso/Coastal, Dkt. No. C-3996.

权等，因此属于涉他民事合同。

再者，它不属于我国《合同法》中作为有名合同之一的“委托合同”。就其实质而言，受托实施机制当中，集中当事方与受托人签署的委托协议，虽名为“委托”，但更类似于目前常见的会计师事务所等专业中介机构向企业提供审计等内容的服务合同，只不过受托人的服务内容、服务对象，已被特定化为服从于竞争当局的要求而已。

三、我国受托实施机制的改进

我国的受托实施机制还存在诸多有待改进之处。现行的受托人制度规定甚至比被废止的原规定包含了更多的不合理性。

（一）受托人选任机制

该机制存在的明显缺陷是缺乏公开性。这不但使受托人对当事方的监督难以实现最佳效果，而且使受托人的身份处于“秘密的”和免受监督的状态，增加了受托人发生道德风险、怠于履行职责的可能性。对受托人选任环节的改进，可从公开选定的受托人开始。及时公开被选任受托人的名称、地址、联系方式，为降低受托人与不特定第三人之间的信息成本，提供制度性平台。

（二）监督受托人工作期间

《试行规定》将监督受托人界定为受申报方委托并经商务部同意“在自行剥离阶段负责对剥离进行监督的自然人、法人或其他组织”，将剥离受托人界定为“在受托剥离阶段负责出售剥离业务的自然人、法人或其他组织”。据此，可将受托人的工作（履行委托协议）期间用下图表示：

《试行规定》项下受托人工作期间示意

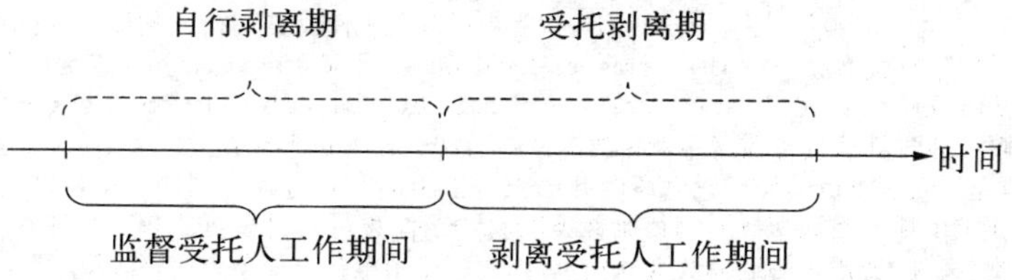

不过,原《暂行规定》对监督受托人的界定是:“指受剥离义务人委托,负责对业务剥离进行全程监督的自然人、法人或其他组织”,剥离受托人则是“在受托剥离阶段,受剥离义务人委托,负责找到适当的买方并达成出售协议及其他相关协议的自然人、法人或其他组织”。受托人的工作期间据此可如下图所示:

《暂行规定》项下受托人工作期间示意

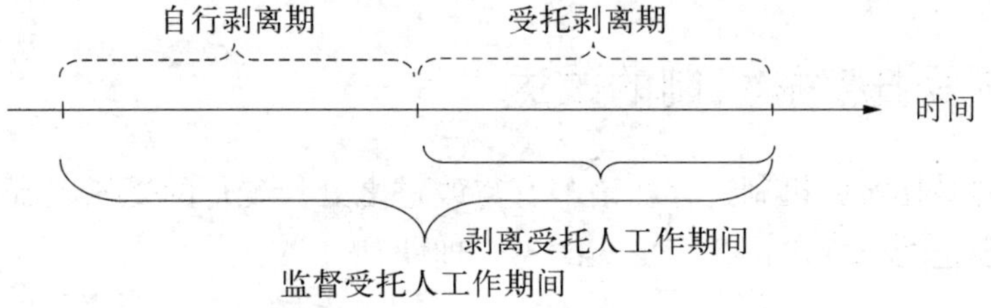

《暂行规定》中关于监督受托人工作期间的表述,与欧盟的立场基本相同,[①]较为完整地覆盖了救济决定生效之日起,至剥离(包括自行剥离和受托剥离)结束之日止的全过程。[②] 相比之下,按照《试行规定》的规定,监督受托人的监督职能仅限于在当事方自行剥离阶段方得行使,在受托剥离阶段,待剥离资产将处于无受托人监督的“真空”状态之下,这无疑是一个有待弥补的明显漏洞。至于商务部为何在此问题上修改旧规,且新规不若旧规适宜,则颇令人费解。

(三) 受托人义务内容设置

关于受托人对竞争当局或集中当事方负有的义务,当然可以通过委托合

① 按照欧盟委员会相关操作指南和范本的意见,“监督受托人的职责主要是对剥离业务保持独立期间的管理即剥离程序的监督”。除了在当事方自行剥离阶段,监督受托人须履行委托合同中约定的监督义务之外,在受托剥离阶段,“剥离受托人每月应向委员会提交一份由剥离进程的综合书面报告”,“并同时提供一份给监督受托人”。由此可见,欧盟当局倾向于使监督受托人的职责期间覆盖自行剥离、受托剥离的整个阶段。See Best Practice Guidelines: The Commission's Model Texts for Divestiture Commitments and the Trustee Mandate under the EC Merger Regulation, 5 December 2013.

② 上述两幅示意图仅是对有剥离要求的救济措施适用受托人情形的描述。不过,无论是理论上还是实践中,监督受托人也可以适用于无剥离内容的救济措施的实施过程。例如,《试行规定》中即指明:“商务部可以要求申报方委托受托人对其他种类限制性条件履行情况进行监督。其他种类限制性条件义务人的职责、义务、受托人的选择及其职责,可以比照适用本章有关剥离的相应规定”。

同予以约定。不过，由于救济措施的内容因个案而异，很多法域在法律制度层面上对受托人应当负有的义务也没有明确要求，或者缺乏明晰、系统的要求，受托人应当负有何种义务，整体上尚未得到深入探讨。

学界对受托实施机制中受托人是否应当负有忠实、勤勉义务罕有涉及，不过有的规范性文件、救济措施决定中已有相关表述。例如，我国《试行规定》指出，受托人应“勤勉、尽职地履行本规定”，不得“提供虚假信息或隐瞒信息”。再如 El Paso/Coastal 案中，美国联邦贸易委员会在其救济决定中规定：“若受托人不作为或作为不勤勉（fails to act diligently)，将按相同程序另行任命一名受托人”；“如果委员会在任何时候认为监督受托人不作为、作为不勤勉，没有意愿或能力继续提供服务，则委员会可按相同程序另行任命一名受托人”。[①]

（四）受托人的违约责任

受托人如果出现未能履行具体义务或原则义务的情形，是否应向权利/力人承担责任？应当承担什么形式的责任？这些问题在我国《试行规定》中找不到满意的答案。[②]

本文认为，根据义务相对人的主体不同，受托人可承担两类责任。如果竞争执法机构认定受托人违背了义务，可以采取的公法责任追究形式有：终止在本案中的受托人资格、剥夺其在此后案件中担任受托人的资格、对受托人作公开谴责等。此类后果未必都不属于严格意义上的公法上的责任形式[③]，但的确可以起到公法上责任的效果。“受托人的过失、重大过失、故意、肆意或恶意

① El Paso/Coastal, Dkt. No. C-3996.

② 《试行规定》规定，对于提供虚假信息或隐瞒信息，未能勤勉、尽职地履行本规定的受托人，商务部“可以责令改正”，这似乎是最接近“受托人责任”性质的条款了。不过，由于“责令改正”本身对受托可能并不造成直接的不利后果，故不宜将其认定为一种责任形式，或者至少不应归入有确定的制裁力的责任形式。该规定的征求意见稿中曾规定：“受托人提供虚假信息，未能勤勉、尽职地履行本规定第二十七条的职责，商务部可以责令改正、责令返还或者没收受托人取得的报酬、取消本次受托人资格。情节严重的，商务部可以取消其未来担任受托人的资格。”不过，不知何故，在正式颁布的《试行规定》中删去了该款规定。

③ 有研究者认为，如今有越来越多的私人主体(包括非政府组织、营利性组织、自然人等)参与承担行政职责，这种公私合作降低了行政成本、提升了公共服务的质量，但是在责任机制缺失的情况下，也会导致私人主体在承担行政任务时发生侵犯公民合法权益的情况。有鉴于此，应当对私人主体施加某些行政法上的义务。见高秦伟：《私人主体的行政法义务?》，《中国法学》2011 年第 1 期。

行为”造成的损失，对于受托人的此类“不当行为”，仍应向当事方承担民事赔偿责任。上述公法、“准”公法和司法上责任的存在，对防范受托人的俘获风险、道德风险，具有重要的现实意义。

第五节　救济措施的国际平行实施机制[①]

一、法域间的交互作用

（一）“多头实施”与“少数决制”

经营者集中的全球平行救济机制，形式上由众多国家共同组成、分头实施。孤立地看，这些救济措施决定中的每一项在其作出国的境内都具有完全的法律效力，但是其实际的运行机制却是“少数决制”。

假如某项集中须同时接受 n 个国家的反垄断审查、符合这些地区的法律规定，那么当 n－1 个国家已经表示不持异议，但还有最后一个国家没有作出决定时，对集中方而言，该项集中的合法性仍然是不确定的，只有等到行动最迟缓的那个国家“扔出最后一只靴子”之后，一切才能尘埃落定。因此，最拖沓的执法机构才是全球救济机制整体运行效率的最终决定者，甚至有可能是集中“合法”与否的最终裁定者。其他国家，无论其执法效率多么低下，只要不是最拖沓的那一个，都不会对集中交易造成实质性的延搁。换句话说，无视集中救济的全球化背景，孤立、割裂地对某个审查机构的工作效率进行评判，难以得出有意义的结论。

救济决定可以分为“禁止”、“附限制性条件批准”、“无条件批准”三种类型。对集中方来说，在异域同案裁决当中只要有一个“禁止”，其他的“附限制

① 本节内容参见李俊峰：《全球平行审查背景下的中国经营者集中救济》，《当代法学》2015 年第 2 期。

性条件批准”或“无条件批准”都会丧失意义；只要有一个“附限制性条件批准”，则其他的“无条件批准”也都没有用处。因此，最严苛的执法者将是集中能否得以获准实施、或付出何种代价方可实施的最后决定者。

3. *有制裁力的执法者*

一个在全球平行救济机制中拥有强势话语权的执法机构，未必总是以“拖沓”“严苛”的姿态示人，但是它必须保有在全球范围内对“违法”集中方实施打击制裁的实际能力。

（二）“湮没效应”与“搭便车效应”

一个国家的市场化程度和市场规模，与其救济措施的全球执行力具有正相关关系。因此，全球平行救济机制虽然由众多国家共同组成，但是其实际运行机制却是“少数决制”。由此衍生出两种效应：

其一是“湮没效应”——有“决定力”的国家采取的救济措施，会涵盖、消解其他国家的救济措施，使后者失去对集中交易的实际规制功能；

其二是“搭便车效应”——有“决定力”的国家的救济措施规制效果，如果与其他国家期望获得的规制效果相符，那么，后者完全可以借机“依赖”前者，而“不必再亲力亲为地施加救济措施”。①

总之，世界各国的集中规制执法，虽然分散独立作业，难谓此优彼劣，但并非相互隔绝，而是彼此影响，甚至可能产生强烈的交互作用。

二、国际平行实施机制对中国的影响分析

作为一个正在向市场经济转轨的发展中大国，中国的救济措施实施活动是多极化、平行性的全球集中救济实施机制的重要组成部分，无可避免地受到其他有“决定力”的国家（尤其是欧盟和美国）的影响，并且也可能作为具有“决定力”的国家中的一员，给其他法域的救济措施带来“湮没”和“搭便车”效应。下文对中国与欧盟、美国的“异域同案裁决”进行某些方面的比较研究，以期更

① Ilene Knable Gotts, Navigating Multijurisdictional Merger Reviews: Suggestions from a Practitioner, Competition Law International, Vol 9, No 2, October 2013, P 155.

清晰、准确地揭示全球救济实施机制与中国救济措施的现实交互关系，以及中国在这一机制中的角色和特色。

（一）研究的材料

下文以 2013 年之前被中国禁止或附加限制性条件的全部集中案件（以下简称“异议案件”）为研究范围，将中国、欧盟和美国当局针对这些案件做出的审查决定文件作为具体的研究资料。这些资料的来源出处如下：

表三　中国、欧盟和美国的同案裁决文件①

序号	集中当事方	欧　盟	美　国
1	英博/AB	/	United States District Court for the District of Columbia, Case No：08/cv/1965 (JR)
2	可口可乐/汇源	/	/
3	三菱丽阳/璐彩特	European Commission, Case No COMP/M. 5712	/
4	通用汽车/德尔福	European Commission, Case No COMP/M. 5617	Federal Register, Vol. 74, No. 203, pp. 54568
5	辉瑞/惠氏	European Commission, Case No COMP/M. 5476	Federal Trade Commission, Decision and Order, Docket No. C/ 4267
6	松下/三洋	European Commission, Case No COMP/M. 5421	Federal Trade Commission, Decision and Order, Docket No. C/4274
7	诺华/爱尔康	European Commission, Case No COMP/M. 5778	Federal Trade Commission, Decision and Order, Docket No. C/4296

① 中国对异议案件的审查公告可见商务部官方网站，为简明起见，表中未予列示，但按照做出公告的时序，将相关案件的集中当事方简称列于左侧。以这些异议案件为线索，通过搜索欧盟委员会、美国联邦贸易委员会和司法部、美国国家档案和记录管理局等机构的官方网站，可以查询到欧盟和美国对部分相关集中案件所做裁决的文号，无文号者，以登载裁决情况的网页地址或刊物期号替代标注。例如，序号为 4 的通用汽车/德尔福集中案件同时接受了中国、欧盟、美国的反垄断审查，欧盟的相关裁决文号为 Case No COMP/M. 5617，美国的相关裁决文件见于 Federal Register, Vol. 74, No. 203, p. 54568.

续 表

序号	集中当事方	欧 盟	美 国
8	乌拉尔/谢尔维尼特	/	/
9	佩内洛普/萨维奥	/	/
10	通用电气/神华	/	/
11	希捷/三星	European Commission, Case No COMP/M. 6214	Federal Register, Vol. 77, No. 48, pp. 14525
12	汉高香港/天德化工	/	/
13	西部数据/日立	European Commission, Case No COMP/M. 6203	Federal Trade Commission, Decision and Order, Docket No. C/4350
14	谷歌/摩托罗拉	European Commission, Case No COMP/M. 6381	Department of Justice, Statement (http://www.justice. gov/opa/pr/2012/February/12 - at - 210. html)
15	联合技术/古德里奇	European Commission, Case No COMP/M. 6410	United States District Court for the District of Columbia, Case NO.: 1: 12/CV/01230/KBJ
16	沃尔玛/纽海	/	/
17	安谋/捷德/金雅拓	European Commission Press Release, (http://europa. eu/rapid/press/release _ IP/12/1181 _ en. htm)	/
18	嘉能可/斯特拉塔	European Commission Press Release, (http://europa. eu/rapid/press-release_IP - 12 - 1252_en. htm)	Glencore International plc, Announcement (http://www.glencorexstrata. com/assets/Uploads/201203040800-Glencore-receives-No-Action-Letter-from-Competition-Bureau-of-Canada. pdf)

续　表

序号	集中当事方	欧　盟	美　国
19	丸红/高鸿	European Commission, Case No COMP/M. 6657	Federal Register, Vol. 77, No. 239, pp. 74014
20	百特/金宝	European Commission Press Release, (http://europa.eu/rapid/press-release_IP-13-724_en.htm)	Federal Register, Vol. 78, No. 54, pp. 17207
21	联发科技/开曼晨星	/	/

表三当中的符号"/"意为相关裁决文件"缺失"。缺失的原因有可能是笔者没有搜集到，但也很可能是不存在的——例如，可口可乐/汇源、通用电气/神华、沃尔玛/纽海、联发科技/开曼晨星案的相关地域市场大抵在中国境内，集中方或许根本就不曾向欧美当局提出过反垄断审查申请。本文将忽略欧盟和美国裁决文件同时"缺失"因而无法开展比较研究的案件（这些案件在表三中的序号是 2、8、9、10、12、16、21），并假定其余案件（以下简称"可比案件"）依然具有足够的典型性和代表性，可以支持得出有价值的分析结论。

（二）中国的救济措施

学界惯于将救济措施分为结构救济和行为救济两种基本类型。一般认为，结构救济是对市场竞争结构实施的一次性调整，包括剥离参与集中的经营者的部分业务、资产、股权等；行为救济是对集中后的经营者施加的持续性义务，包括开放网络或其他关键设施等。[①] 据此二分法标准对中国、欧盟和美国

① 国际上关于结构救济、行为救济的具体表现形式并未形成公认的清单，对有些救济方式的性质可能存在歧义。例如，许可他人使用知识产权被中国商务部归入行为救济（见商务部《经营者集中审查办法》第十一条），但 OECD 认为其属于结构救济（见 OECD, Remedies in Cross-Border Merger Cases, http://search.oecd.org/officialdocuments/publicdisplaydocumentpdf/? cote = DAF/COMP/WP3(2013)6&docLanguage=En）。笔者认为，能够将这两类救济措施区别开来的标志性因素，不在于救济措施所涉标的为何，而在于集中方承担的义务实质上是一次性还是持续性的。譬若，集中方一旦做出知识产权使用许可，被许可人就能长期、自主地使用该知识产权，那么该许可义务就是一次性的，属结构救济；如果被许可人还需要集中方提供持续性的技术支持才能有效使用该知识产权，则该许可当属行为救济；为了实现结构救济之目的而在一定时期内负有的辅助性、持续性义务（例如，集中方为剥离资产而在一定时期内持续寻找买家），不具有独立存在的实质意义，应被归入结构救济。

的同案裁决进行分析比照，可制成如下二表[①]。

表四　采取结构救济措施情况比照

	中国	欧盟	美国
英博/AB		/	
三菱丽阳/璐彩特		批准	/
通用汽车/德尔福		批准	批准
辉瑞/惠氏			
松下/三洋			
诺华/爱尔康			
希捷/三星		批准	批准
西部数据/日立			
谷歌/摩托罗拉		批准	批准
联合技术/古德里奇			
安谋/捷德/金雅拓			/
嘉能可/斯特拉塔			批准
丸红/高鸿		批准	批准
百特/金宝			批准

表五　采取行为救济措施情况比照

	中国	欧盟	美国
英博/AB		/	
三菱丽阳/璐彩特		批准	/
通用汽车/德尔福		批准	批准
辉瑞/惠氏			
松下/三洋			
诺华/爱尔康			
希捷/三星		批准	批准
西部数据/日立			
谷歌/摩托罗拉		批准	批准
联合技术/古德里奇			
安谋/捷德/金雅拓			/
嘉能可/斯特拉塔			批准
丸红/高鸿		批准	批准
百特/金宝			批准

在全球范围的集中救济体系里，中国的地位、决定力和执行力虽然日渐提升，但显然仍不及欧盟和美国。可想而知，中国反垄断执法机构的跨国境、跨法域救济决定面临着更多的现实障碍。因此，一个貌似顺理成章的推测就是：为了避免出现救济决定形同"白条"的尴尬局面，在异域同案裁决中，中国的救济措施整体上可能会比欧美更加温和、谦抑。

但是，表四、表五中的统计信息以及对措施内容细节的分析表明，事实并非如此。在可比案件里，中国采取结构救济的案件数量与欧盟持平，多达

① 下方两项表格中的"阴影"和"空白"，分别表示相关法域"采取"或"未采取"某种救济措施；"批准"意为对集中案件作出了无条件批准的决定。以表四中"英博/AB"一栏为例，中国没有对该案采取结构救济措施（"空白"），欧盟对该案的裁决情况缺失（"/"），美国采取了结构救济措施（"阴影"）。

50%，超过了美国的42.9%；中国采取行为救济的案件比例高达85.7%，远远超过欧盟的14.3%和美国的0%；而且，与欧美通常只在少数垂直集中案件中采用行为救济的做法[①]迥然相异，中国实施行为救济的案件当中，纯粹的横向集中居然高达75%，属于混合集中的有16.7%，垂直集中的情况则只有8.3%；[②]在嘉能可/斯特拉塔案、希捷/三星案的救济决定中，中国更是采用了在西方反垄断执法当中异常罕见的直接价格管制和投资规模管制。种种情况表明，中国虽然是经营者集中全球救济执法体系的新成员，但扮演的却是一个有异于欧美风格的，不乏强硬色彩的市场干预者角色。

（三）中国结构救济的实施难度

若把中国做出的境外结构救济决定与欧美同案裁决详加比较，就会发现它们的救济内容往往高度相似，中国的救济内容通常会被欧美的同案裁决所"湮没"，以至于在大多数情况下，中国都可以作为一个轻松的"搭便车者"，借力欧盟和美国的执法活动，实行经其审定的救济方案。

梳理数据形成下表可知，在中国做出境外资产结构救济决定的五起案件中，其救济措施被欧盟和/或美国的同案裁决内容所湮没的案例占比达八成。中国的结构救济措施高度趋同于欧美，这种现象可能是偶然因素造成的——中国的救济决策"碰巧"与欧美雷同；也可能是集中方因素造成的——例如，集中当事方向这三家执法当局提出的承诺方案相同或高度相似，因此最终形成的救济方案也大致相同；但更有可能的原因是，中国执法当局刻意做出了这种选择——事实表明，中、欧、美三方的执法机构在各自作出救济决定之前，存在

① 美国在2007至2009年间做出的救济裁决中，纯粹采用结构救济的案件占42%，行为救济只有12%，其余46%的裁决是配以某些"辅助性的行为救济"（supporting behavioral remedies）的结构救济；2009至2011年受到救济的集中案件里，78%是结构救济，13%是行为性救济，9%是混合救济。See Elizabeth Xiao-Ru Wang, Joanna Tsai & Sandra Chan, Merger Remedies with Chinese Characteristics, http://www.crai.hk/uploadedFiles/Publications/Merger-Remedies-with-Chinese-Characterstics.pdf.

② 此处使用的关于各起合并案件性质（水平、混合抑或垂直合并）的信息，取自Fei Deng and Cunzhen Huang, A Five Year Review of Merger Enforcement in China, http://awards.concurrences.com/business-articles-awards/article/a-five-year-review-of-merger.

彼此沟通、协调立场的渠道机制和实践操作。[①] 因此，中国有机会事先获悉欧盟或美国拟采取的救济措施，或者有意扮演"拖沓的执法者"，从而尾随、观察和效仿欧盟、美国的实际裁决内容，[②]达到"搭便车"、借助欧美执法力量实现跨境资产剥离救济的目的。当然，为了避免成为极易招致批评的"最拖沓的执法者"，折中的做法是选择在介于欧盟与美国公布审查决定之间的某个时点公布自己的决定——这就近乎圆满地解释了中国的救济决策效率，何以在整体上低于欧盟、但高于美国。

表六　涉及中国境外资产剥离的救济措施比较[③]

	中　国	欧　盟	美　国	湮没关系
百特/金宝	SR_C	$SR_C+D_E+OSR_E$	批准	中国<欧盟
联合技术/古德里奇	SR_C	SR_C+D_E	$SR_C+D_A+OSR_A$	中国<欧盟　中国<美国
西部数据/日立	SR_C	SR_C+D_E	SR_C+D_A	中国<欧盟　中国<美国
松下/三洋	$SR_{C1}+SR_{C2}$	$SR_{C1}+D_E$	$SR_{C2}+D_A$	中国<(欧盟+美国)
嘉能可/斯特拉塔	SR_C	OSR_E	批准	中国≠欧盟　中国≠美国

① 这些渠道机制主要建构于三个法律文件之上，包括：商务部与欧盟竞争总局签署的《中国与欧盟竞争政策对话工作范围》(2004)，国家发展改革委员会、商务部和国家工商总局与美国司法部、联邦贸易委员会签署的《中美反垄断和反托拉斯合作谅解备忘录》(2011)，以及《中国商务部与美国司法部和联邦贸易委员会关于经营者集中案件合作指引》(2011)。实践操作方面，美国曾宣称，联邦贸易委员会的工作人员在西部数据/日立等案中，"与澳大利亚、加拿大、中国、欧盟、日本、韩国、墨西哥、新西兰、新加坡、土耳其执法机关进行合作，与这些机关的调查人员就审查的期限、实体问题的分析、可能的救济措施进行了密切协作(worked closely)。"(See Statement of the Federal Trade Commission Concerning Western Digital Corporation/Viviti Technologies Ltd. And Seagate Technology LLC/Hard Disk Drive Assets of Samsung Electronics Co. Ltd, http://www.ftc.gov/sites/default/files/documents/cases/2013/05/120305westerndigitalstmt.pdf)

② 例如，商务部承认，在西部数据/日立案中，"申报人……向商务部提交了欧盟附加限制性条件批准此项集中的书面文件。经评估，商务部认为，申报人提交的最终解决方案，包括按照欧盟要求……的解决方案，能够减少此项经营者集中对竞争产生的不利影响。"

③ "SR_C"表示中国在相关案件中采取的结构救济措施(Structual Relif)；"D_E""D_A"表示欧盟、美国对救济措施提出的详尽要求(Details)；"OSR_E""OSR_A"表示欧盟、美国采取，但中国未采取的其他结构救济措施(Other Structual Relief)。以联合技术/古德里奇案为例，中、欧、美的救济措施分别是"SR_C""SR_C+D_E"和"$SR_C+D_A+OSR_A$"，其意为：如果中国的结构救济内容用 SR_C 来表示，那么欧盟和美国的救济措施不但也包含同样的内容 SR_C，而且还围绕 SR_C 分别做了更加详细的描述、提出了更加具体的操作性要求 D_E 和 D_A，此外，美国还采取了中国、欧盟均未采取的其他结构救济措施 OSR_A。因此，中国的救济决定，被欧盟和美国的同案裁决所湮没("中国<欧盟"，"中国<美国")。

(四)中国行为救济的严苛程度

欧美执法当局认为“结构救济比行为救济更可取”,“行为救济只宜用于极其个别的情形”,[①]表五中的统计信息也印证了欧美对待行为救济的谨慎态度。中国显然不认同这种观点,表现出对行为救济的高度偏好,对在可比案件中采取行为救济措施的比例接近九成,远超欧美。违背西方竞争法主流观点对中国的这种偏好很难提供支持,对其所能做出的合理解释,就是这些行为救济措施虽然未必有利于竞争,但可能产生中国执法当局期待的某些作用。

表七 中国采取的行为救济措施类型

	(1)	(2)	(3)	(4)			(5)
	限制控制能力	禁止反竞争行为	维系内部竞争	合理确定产销量	限制产销量	增加投资或维系产销量	限制价格
英博/AB	√						
三菱丽阳/璐彩特	√				√		
通用汽车/德尔福		√	√				
松下/三洋	√						
诺华/爱尔康					√		
希捷/三星		√	√			√	
西部数据/日立			√	√		√	
谷歌/摩托罗拉		√					
安谋/捷德/金雅拓		√					
嘉能可/斯特拉塔		√				√	√
丸红/高鸿			√		√		
百特/金宝					√		

中国在可比案件中采取的行为救济措施,可以归结为如上表所示的五个

① See Antitrust Division Policy Guide To Merger Remedies, U. S. Department of Justice, Antitrust Division, 2004, p. 8; Commission Notice on Remedies Acceptable Under Council Regulation (EC) No 139/2004 and Under Commission Regulation (EC) No 802/2004 (2008).

基本类型：(1) 限制集中方对其他企业的控制能力(持股比例、股东会表决权、董事委派权等)；(2) 禁止实施反竞争行为(歧视性交易、强制交易、不公平交易等)；(3) 要求集中方的内部单位之间保持竞争关系(不进行信息交流等)；(4) 干预集中方的产销量，包括“限制”、“增加或维系”、“合理确定”产能、销售数量、售卖渠道、研发投资等；(5) 限制集中方出售商品的价格。

上述救济类型当中，只有第一种类型具有较为明确的削弱市场支配地位的作用。其他类型的救济措施对竞争秩序的作用乏善可陈，具体可分为四种情形：

一是没有实际作用。“禁止反竞争行为”救济要求集中方不得从事强制交易、歧视性交易，[①]言辞貌似严厉，实则近似废话。这是因为，反垄断法已明文禁止这些反竞争行为，[②]再以救济措施的形式将法条复述一遍，既无必要，亦无意义；

二是难以发挥作用。“维系企业内部竞争”救济[③]的落实情况难以受到监督，“合理确定产销量”救济[④]的执行标准混沌不清，这两类救济措施形同鸡肋，聊胜于无；

三是具有反市场作用。“增加投资或维系产销量”、“限定价格”这两类救济，[⑤]有以计划指令手段取代市场调节机制的嫌疑，与竞争秩序关系不大；

四是具有反竞争作用。“限制产销量”救济[⑥]要求经营者降低产销数量、减少市场供给，无异于迫使集中方主动放弃一部分市场占有份额，抑制与其他经营者的竞争激烈程度。

总体而言，中国虽然在八成多的可比案件中采取了行为救济措施，但很多救济的象征意义大于实际价值，绝大多数的救济内容难以产生维护和促进竞

---

① 商务部的审查公告要求希捷公司不得“强制或变相强制客户排他性地采购其产品”，要求通用汽车和德尔福公司对厂商“无歧视性地供货”，要求谷歌公司遵守专利方面的“非歧视义务”等等。

② 见中国《反垄断法》第十七条第(四)、第(六)款。

③ 例如，在丸红/高鸿案中，商务部要求集中方的子公司之间，不得“交换”事关成本、售价、购销合同条款、客户名单和谈判情况、营销战略规划等方面的“竞争性信息”。

④ 在西部数据/日立案中，商务部要求集中方“应当根据市场需求状况合理确定产能产量”。

⑤ 商务要求西部数据/日立在合并后“以近年一贯的速度，继续在创新领域投入研发资金”。

⑥ 商务部在三菱丽阳/璐彩特案中要求集中方“不再收购也不建新厂”；在诺华/爱尔康案中要求“停止向中国销售产品”、“减少销售渠道”；在丸红/高鸿案中要求“美国子公司停止向丸红供货”；在百特/金宝案中要求“某在华日资公司停止向宝特供货”。

争的效果,有的甚至旨在压抑和限制竞争。因此,中国的审查公告文本虽然描绘了诸多欧美同案裁决中没有的行为救济要求,给阅读者营造出一种严厉苛刻的"观感",但其实际效果要弱得多。少数确有实效的救济内容,则有保护竞争者而非保护竞争的效果。

因此,中国执法者热衷行为救济的主要原因可能有二:首先,从公共选择理论的视角来看,这种做法有助于商务部向外界展示、甚至引人误解地突出其工作成果的独特价值;其次,从经济民族主义、国家冠军理论①的视角来看,某些行为救济的确具有保护本国产业和经营者的效果。

经营者集中的全球规制救济机制由众多竞争法域组成,但是对集中交易合法性做出判断的话语权,实际掌握在少数拖沓、严苛和有制裁力的国家手中。"少数决制"和"湮没效应"给包括中国在内的所有竞争执法当局,都带来了救济决策被变相废弃的风险,但是与此相伴而生的"搭便车效应",也给那些面临跨境执法障碍的国家带来了极大的便宜。

中国的经营者集中救济决策当然不应脱离对竞争与效率问题的关注,但在现实当中,可能更多地受到两方面因素的左右:国际方面,在涉及中国境外资产剥离时,尽量"湮没"于欧美的救济措施,以便搭其便车,免遭经营者不服从之尴尬;国内方面,当救济指向的资产、行为位于中国境内,而且为了实现特定政策目标而确有必要时,将在可控的范围内设定某些有别于欧美的实质性的救济措施。此外,在审查公告当中点缀一些形式意义大于实际价值的行为救济也属惯常操作。

① See Oliver Falck etc. , eds, Industrial Policy for National Champions, MIT Press, 2011.

第五章
集中救济措施的矫正机制

第一节　救济措施矫正机制的概念

一、救济措施矫正机制的含义

通常而言，集中救济措施在经历形成和实施两个阶段之后，其运行过程即告完结。但是，无论是理论上还是现实中，都存在业已作出的救济措施决定，在救济措施实施过程中，或已经实施完毕后，因特定事由，而应被部分地或全部地中止、变更、废止之情形。关于救济措施的矫正及其机制问题，国内外学界的关注甚少，在理论上存在的疑问颇多，制度上的设计基本阙如，矫正的后果对业界影响亦颇为深远，因此有必要展开专门探讨。

本文所谓"救济措施矫正"，是指基于特定事由对业已生效的救济措施决定的部分或全部内容，进行的中止、延长、补充、重做、撤销、撤回等变更。其实质，是对不合法或不适当的救济措施的纠正、补正和救济。

我国商务部将做出救济措施决定，使集中当事方得以在承担附加的限制性条件的前提下获准实施集中，视为“行政许可”事项。[①] 因此，对救济措施的矫正，其法律性质在我国即是对行政许可这一具体行政行为的矫正。

依行政行为的效力理论，行政许可行为的稳定性是相对的，并不排除行政机关对自己或下级行政机关的违法或不当行政行为予以纠正，甚至可以说行政机关对因事实认定、法律适用错误等原因导致的存在瑕疵的行政许可行为负有主动撤销的义务。[②]

本文所谓“救济措施矫正机制”，是指与救济措施矫正相关的法律程序问题以及与此相关的法律主体之间发生交互影响的作用机理。

二、救济措施矫正机制的价值

从救济措施运行机制的逻辑自洽性和完整性角度来看，矫正机制应当是运行机制设计中不可或缺的组成部分。这一机制的建构与实践在我国尚处于萌芽和起步阶段，在其他国家和地区的发展也多不成熟，理论研究的深度也还不足，确定和透明程序框架还较为缺乏。

以欧盟地区的统计数据为例，截至 2014 年 5 月 31 日，欧盟收到的集中申报案件中，有大约 6%被施加了救济措施。虽然救济措施是在集中当事方与竞争执法当局的“商谈”基础上确定的，但是经营者因集中获准而喜悦的心情，可能很快就会被实施集中措施过程相伴而来的问题所冲走。这是因为，对于经营者而言，救济措施给他们带来的问题，或许比禁止集中决定带来的问题更多。以至于有学者已经将救济措施的矫正视为继经营者集中反垄断审查的初步审查、进一步审查之后的“第三阶段”。[③]

救济措施可以被约略视为经营者自愿与竞争当局达成的一种“协议”。这种评估隐含了一个前提，那就是假设实施的集中被置于一个条件等同于评估

---

① 商务部在其官方网站的“经营者集中反垄断审查办事指南”栏目中载明：“经营者集中反垄断审查”这一行政事项，其类别属于“行政许可”，法律依据包括《中华人民共和国反垄断法》、《国务院关于经营者集中申报标准的规定》、《经营者集中申报办法》、《经营者集中审查办法》、《金融业经营者集中申报营业额计算办法》等。见 http://fldj.mofcom.gov.cn/aarticle/xgxz/200902/20090206034057.html

② 参见杨海坤、章志远：《中国行政法基本理论研究》，北京大学出版社 2004 年版。

③ See Charlotte BrEuvart and Étienne chassain, Post-clearance Modification and Waiver of EU Merger Remedies: When the Hardest may be yet to Come, Competition Law Journal, 2014, No 3.

时状况的、或者条件符合预期状况的市场环境，而且该条件将在救济措施效力存续期间都不发生变化。但是，竞争执法官员们并非神灵或巫师，可以占卜预见到救济措施作出后的市场环境（包括参与集中的经营者、交易对象、竞争者、市场竞争状况、法律规定、技术创新等）将发生何种变化，也无法确知这些变化是否会使得救济措施难以实施、不必实施或要求继续实施将缺乏合法性或正当性。总之，一份在当时看来恰如其分的救济决定，可能会被流逝的时间证明是不恰当、不合法的。因此，值得像重视救济措施的形成、实施机制那样，重视救济措施的矫正机制。

为妥当调和法的纯洁性与安定性、集中当事方以及第三人的信赖利益保护之间的矛盾冲突，对救济措施的矫正，务应慎重斟酌五个方面的基本问题：(1) 为什么矫正（可得矫正的原因事由）；(2) 谁来矫正（发动和参与矫正机制的主体是谁）；(3) 怎么矫正（矫正的程序）；(4) 矫正什么（对原救济措施内容进行哪些形式的矫正）；(5) 矫正以后怎么办（如果矫正给相关主体利益造成不利影响，是否应予救济、如何救济）。

第二节　救济措施矫正的事由

一、规范分析

（一）现行规范的比较

1. 中国规范中的矫正事由

《关于经营者集中附加限制性条件的规定（试行）》第二十七条规定，商务部在评估变更或解除限制性条件请求时，应考虑如下事由："（一）集中交易方是否发生重大变化；（二）相关市场竞争状况是否发生了实质性变化；（三）实施限制性条件是否无必要或不可能；（四）其他因素。"

2. 欧盟规范中的矫正事由

欧盟《委员会关于 139/2004 号理事会条例（EC）和 802/2004 号委员会条例（EC）项下可接受救济的通知》①。

根据该通知第 73 段的规定，"只有当出现未能预见的情形（exceptional circumstances）时，委员会才会准予撤销、变更或替换承诺，与剥离相关的承诺则较少涉及此类情形。这是因为，剥离承诺应在决定作出后的监督时间内完成，在如此短的时间里，市场环境不太可能发生变化，委员会通常不会根据审核条款接受对救济的任何变更。"

3. 美国规范中的矫正事由

《美国联邦法典》（Code of Federal Regulations）中关于联邦贸易委员会重

---

① Commission Notice on remedies acceptable under Council Regulation (EC) No 139/2004 and under Commission Regulation (EC) No 802/2004.

新启动审查程序的规定，可作为探究对矫正救济措施事由的重要法律渊源。其§2.51款标题为“重启请求”，(b)项规定：“本款项下的请求须以可信的宣誓证词表明，由于法律或事实条件的变化或者公共利益的需求，规则或命令应予变更、修正、部分或全部废止。(1) 如果请求只是结论性的或者未能证实能够表明下列细节的特定事实，则该需求不应视为是可信的：(i) 条件变化的实质，以及请求对规则或命令做出如请求变更的理由；或者(ii) 变更何以有利于公共利益的理由。”

不过，当前世界各法域对救济措施矫正事由缺乏系统梳理普遍较为欠缺，不利于准确理解和开展救济措施矫正工作。

二、案例举要

尽管救济措施的矫正机制“缺乏透明度，程序框架也不清晰，由此产生的问题颇多”[①]，但矫正救济措施在全球的集中救济执法实践中已不鲜见。

(一) 中国案例

商务部已在多起经营者集中反垄断审查决定中，均明文允许集中当事方如同上述案例中那样，在特定条件下提出变更救济措施的申请。

例如，在赛默飞世尔/立菲技术公司案审查决定(商务部公告 2014 年第 3 号)中，专设了救济措施“条件的复审”一节，其中规定：“在提供合理理由且同时提供监督受托人报告情况下，经商务部批准，公司可：延长本承诺中列出的期限；放弃、调整或替换本承诺中的一项或多项承诺。当公司试图延长某一期限时，其应在该期限到期之日前一个月向商务部提出，并提供合理理由。”再如，联发科技/开曼晨星案的审查决定(商务部公告 2013 年第 61 号)规定：“自本决定生效之日起……3 年期满后，联发科技和晨星台湾可以向商务部提出解除‘保持晨星台湾作为独立竞争者的法人地位’的相关义务的申请……申请应说明解除上述义务的理由并提供相关证据。商务部将依申请并根据市场竞争

---

① Charlotte BrEuvart and Étienne chassain, Post-clearance Modification and Waiver of EU Merger Remedies: When the Hardest may be yet to Come, Competition Law Journal, 2014, No 3, pp. 54.

状况做出是否解除的决定。”

可以预见和肯定的是，中国的救济措施矫正执法案例将会继续增加。

（二）欧盟案例

欧盟委员会对行为救济措施予以矫正（变更或取消）的典型案例，有 Bombardier/ADtranz 案[①]、Hoffmann-La Roche/Boehringer Mannheim 案[②]、Newscorp/Telepiù 案[③]、Gaz de France/Suez 案[④]、Hoechst/Rhone-Poulenc 案[⑤]等，对剥离救济进行矫正涉及的案件有 Montecatini 案[⑥]、Edizione/Olivetti/Telecom Italia 案[⑦]等。

欧盟法院判例表明，对于救济措施乃至对于无异议的集中审查决定，即便是与集中方不存在直接竞争关系的第三人，也可能有资格提起诉讼，要求予以矫正，遑论被附加救济措施要求的集中。例如，欧盟法院系统处理过一起第三人对集中审查决定提出异议的诉讼案件，是 ARD v Commission。其中，ARD 是一家提供免费电视服务的德国公司，它对欧盟委员会针对 Kirch Pay TV 与 BSkyB 之间涉及付费电视、数字交互服务和广播权的无异议集中审查决定提起诉讼。法院认为，有权提出此类诉讼的第三人未必是审查决定所涉相关市场的参与者，或者是集中当事方的潜在竞争者，只要其符合有“直接和个别的关系”标准即可。

（三）美国案例

在美国，由集中当事方之外的第三人通过诉讼方式阻滞集中乃至对救济措施发挥实质性的矫正作用的案例也有多起。

例如，在 Union Carbide Corp. v. MONTELL NV 案[⑧]中，被告之一是壳牌石油公司(SOC)，根据其向 FTC 所作的承诺以及 FTC 做出救济决定（同意

---

① Case No COMP/M. 2139.
② Case No COMP/M. 950.
③ Case No COMP/M. 2876.
④ Case No COMP/M. 4180.
⑤ Case No COMP/M. 1378.
⑥ Case No IV/M. 269.
⑦ Case No COMP/M. 2574.
⑧ 944 F. Supp. 1119 (S. D. N. Y 1996)

令)，SOC公司须剥离其全部聚丙烯业务和承担其他若干义务，并且如期履行了救济措施中要求的这些义务。不过，在此之后，Union Carbide 仍对包括SOC公司在内的被告提起诉讼，主张被告的行为违反了反托拉斯法，法院最后部分支持了原告的诉请。私人原告通过该案的部分胜诉，使集中当事方承担的义务超过了 FTC 救济决定施加的救济义务，实际上起到了加大救济措施严厉程度的矫正功能。①

三、学理主张

笔者认为，从学理角度分析，对救济措施进行矫正的事由应分为“不合法”与“不适当”两大类，各类又可细分为若干具体种类，签署不同法域法律规范或案例中涉及的矫正事由，均可归入到这些分类中。

(一) 救济措施不合法

具体而言，不合法/违法性可体现于如下几个方面：

1. 证据不足

证据不足是指所依据的证据并非虚假或具有误导性，但其证明力不足以支撑得出相关的判断结论，而竞争当局仍然据以做成救济措施决定。

与救济措施的做成相关的证据不足主要包括两类情形：

一是认定拟实施的集中具有反竞争效果的证据不足。如果根据构成竞争关切的证据，尚不足以支撑对集中施加救济措施的必要性与合理性，那么责令集中当事方承担了的义务负担就失去了正当性基础；

二是认定救济措施适宜消除集中造成的反竞争效果的证据不足。在此情形之下，可能导致救济措施不足以规制集中的反竞争效果，从而使救济措施的运用无法实现其应有之功能。

2. 信息虚假

信息虚假是指据以作为证据或纳入考量因素的信息(包括相关协议文件、

---

① See David A. Balto, Private Merger Challenges: A Critical Supplement to Government Enforcement, Mergers and Acquisitions Newsletter, Vol. IV, No. 3, 2004.

财会资料、调研报告、统计数据等)不真实、不完整、不准确或具有误导性,从而是以这些信息为决策基础的救济决定失去合法性基础。

造成信息虚假现象的过错状态,可能是故意或过失,可能是单独过错,也可能是共同过错;过错方可能是竞争执法机构,也可能是集中当事方或其他第三人。

3. 适法错误

适法错误是指对于应当适用的程序法或实体法规范未予适用,或者适用了不应适用的法律规范。例如,未经商谈程序达成一致意见,即由执法机构单方做出救济措施决定。适法错误的过错方是竞争执法机构。

4. 滥权行为

滥权行为包括两种情形:一是竞争执法机构超越职权范围,做出不必要的救济决定;二是竞争执法机构怠于行使职权,做出的救济决定不足以消除集中的反竞争影响。

5. 内容违法

内容违法是指救济措施对集中当事方或第三人设定的义务,没有法律依据。例如,在救济措施当中,为未能充分参与集中审查程序且不负有反垄断法下义务的第三方设定义务,等等。

(二) 救济措施不适当

救济措施内容不适当是指救济措施的实施结果,不足以实现特定的竞争秩序规制目的,或者超出实现特定的竞争秩序规制目的所必需的程度,或者对集中当事方或第三人造成不必要的利益损害。

1. 不适当的体现

救济措施不适当可能表现为依其救济要求,无法消除集中的反竞争影响,或者对集中当事方或其他第三方设置了显著的不必要的负担,或者缺乏实际执行的可能性。

2. 不适当的影响

受不适当救济措施影响的主体,可包括集中当事方、与集中当事方有直接或间接竞争关系、交易关系的第三人等。

3. 不适当的期间

救济措施的不适当性,可能在救济决定作出之时即已存在,也可能由于此后发生的情势变更，导致原本并无不妥的救济措施在新的市场、法律等环境中不再妥当。救济措施在做出之时就不适当的，可称之为“即时不适当”，由于做出之后情势变化而不适当的，可称之为“嗣后不适当”。

四、不合法与不适当程度的权衡

不同法域的制度规范，对救济措施矫正一般持较为慎重的态度。例如，欧盟在处理救济措施的撤销、变更或替换时，会考虑到第三人的观点、变更对第三人处境的影响以及对救济效果的整体影响，尤其是将考虑矫正救济措施对第三人通过救济实施业已获得的权利的影响，以免对救济措施的随意变更，打击到第三人从救济中获得权利的积极性。①

总之，不合法性、不适当性的存在，只是为救济措施的矫正提供了某种程度的正当性基础，但是否以及如何对救济措施进行矫正，则需要根据个案进行判断，尤其是对矫正给已经或将来从救济措施中受益的主体、承担负担的主体和公共秩序利益带来的成本与收益做出权衡。这些问题多为实体法问题，不属于本文讨论的重点，此处不再展开讨论。

① See Royal Philips Electronics v Commission, Case T-119/02 [2003] ECR III-1433.

第三节 救济措施矫正的主体

救济措施矫正的主体，是指参加到与救济措施矫正相关程序机制中的相关法律主体，可分为启动主体、受动主体、其他参与主体三类。

一、启动主体

启动主体是指主动做出纠正救济措施的意思表示，从而启动对是否应予矫正进行审查的相关程序的主体。启动主体可能是集中当事方，也可能是竞争执法机构或其上级机关，还可能是集中当事方以外的、与救济措施有利害关系的第三人。

二、受动主体

受动主体是指接到启动主体提出的矫正救济措施动议，从而参加到相关矫正程序当中，行使职权或权利的主体。

在商务部应申请启动的行政许可程序，对原救济措施进行矫正的程序中，启动主体是申请人，受动主体是商务部；在行政复议程序中，受动主体是接到复议申请、依法负有复议义务的行政主体；在行政诉讼中，受动主体是法院和商务部。

三、其他参与主体

除上述主体以外，还可能有其他依据法律或法理应当赋予其参与到矫正程序中来的主体。

我国现行《行政复议法》、《行政许可法》、《政府信息公开条例》等法律法规的相关规定，以及欧美地区的相关规定与实务案例所表明的立场，均支持与救济措施矫正事项有重大利益关系的“利害关系人”，享有同在矫正程序中表达自身意见的“权利”。

第四节　救济措施矫正的程序

一、我国现行制度中的可选程序

从我国现行法律规定来看，对救济措施进行矫正所依据的程序，性质上有行政许可、行政复议、行政诉讼、其他矫正之分。

（一）行政许可程序

由于商务部将“附限制性条件批准集中”视为行政许可事项，因此由商务部对原救济内容做出的矫正决定，可视为商务部对行政许可权力的继续行使，做出的是一项新的行政许可审查决定。再如，《行政许可法》第六十九条规定，作出行政许可决定的行政机关的上级行政机关，可以依职权做出“撤销行政许可”的决定。由此可见，商务部有权自行决定启动对已作出的救济决定的重新进行评估，已决定是否对其予以矫正。

（二）行政复议程序

根据《反垄断法》第五十三条的规定：对反垄断执法机构所做救济措施决定不服的，“可以先依法申请行政复议”。《行政复议法》规定：“认为行政机关的其他具体行政行为侵犯其合法权益的”，“对行政机关作出的有关许可证、执照、资质证、资格证等证书变更、中止、撤销的决定不服的”公民、法人或者其他组织可提起行政复议。由上述规定可见，提起行政复议是寻求对救济措施予以矫正的可能的程序机制之一。

(三) 行政诉讼程序

《反垄断法》第五十三条的规定：对反垄断执法机构所做救济措施决定不服的，并且经行政复议后仍然不服的“可以依法提起行政诉讼”。据此，行政诉讼当然也是“撤销”或“重做”救济措施的重要程序机制之一。

(四) 其他矫正程序

此处所谓“其他矫正程序”，泛指除上述行政许可、行政复议、行政诉讼以外的其他的救济措施矫正程序。

我国行政机关的上下级之间具有领导关系，人民政府的各工作部门受人民政府统一领导，并依照法律规定受上级人民政府主管部门的业务指导或者领导。但是，上级人民政府依其职权矫正下级部门所作行政许可需依据的程序规范，立法上还存在诸多空白。该种矫正的法律性质为何，理论上也颇值得研究。

二、我国救济措施矫正程序的完善

救济措施运行机制的全过程当中，均应秉持透明原则、参与原则和效率原则，参照适用救济措施形成机制。

比照上述三项原则的要求，目前我国的救济措施矫正程序设计还存在非常显著的缺漏。笔者认为，至少应从信息披露、充分参与、时限要求等方面加以补正完善。

(一) 信息披露

救济措施矫正信息的披露，是救济措施运行机制当中信息披露机制的必要组成部分，至少应包括对矫正程序启动信息、矫正事由信息、矫正评估信息、拟做出的矫正决定信息的披露。

上述信息披露要求，是救济措施矫正机制在“透明原则”下本应建构的程序机制。不过在现实当中，各法域的竞争法规范通常对救济措施形成机制中的信息披露相对较为重视，对矫正环节则不无忽视之嫌。

其实，在救济措施矫正机制中的信息披露不充分、不及时问题，在欧盟也有类似存在。有学者指出,欧盟委员会对救济措施的变更程序不透明,通常不愿将收到变更承诺的请求公之于众。而且,被公开的一小部分矫正决定,也不都能在合理的时限内刊登在竞争总司的官网上。例如,对 GDF/Suezcase 案救济措施的矫正决定,虽然于 2011 年 10 月 23 日做出,但矫正决定的内容概要却是在 2013 年 2 月 22 日才在官方杂志上公布的。因此,已公开的矫正决定可能仅仅是众多此类决定的"冰山的一角"。①

(二) 第三人参与

集中当事方是救济措施矫正的直接受益或受损主体。赋予其充分参与的权利,就意味着应承认和确保其下列权利:(1) 请求权,即提出对救济措施予以矫正(包括提出相关证据)的权利;(2) 知情权,即知晓专司机关据以作出是否以及如何矫正救济措施的事实与理由的权利;(3) 商谈权,即与专司机关就是否对救济措施进行矫正、应采取何种矫正进行协商的权利;(4) 异议权,即对有司机构即将做出的和已经做出矫正救济措施决定,表达异议、提出申辩、抗辩的权利。

第三人对救济措施矫正程序的参与权,根据其余救济措施矫正利害关系之有无与程度,亦应参照对集中当事方富裕的参与权利,授予同等或减少的权利。

(三) 时限要求

时限要求是指在救济措施矫正程序规范中,应对各个程序阶段、环节设定明确的期限限制,审查机构和集中当事方等参与主体,均应在时限内行使权力/利或履行义务。时限要求有助于增强救济措施矫正程序的规范性,提高执法效率,保障市场主体对在合理期间内获得确定性审查结论的期待权。

在我国,涉及救济措施矫正程序的部门规章目前仅见于商务部《关于经营者集中附加限制性条件的规定(试行)》。该规定在面向公众征求意见期间。美国律师协会反垄断法部和国际法部曾就矫正救济措施程序缺乏时限规定提出过若干疑问,包括关于矫正救济措施的"审查程序如何启动?……何时通知

---

① Charlotte BrEuvart and Étienne chassain, Post-clearance Modification and Waiver of EU Merger Remedies: When the Hardest may be yet to Come, Competition Law Journal, 2014, No 3.

申报方所附条件会有变更？申报方在何种情况下可以要求条件的变更？”“审查时间和程序是如何规定的？变更程序的每个步骤均应有时限要求。例如，申报方应多久回复商务部的要求？审查必须在何时完成？”做出矫正救济措施的决定“向社会公布应在何时进行，公告包括何内容？决定前公布（即公布关于变更的提议），还是决定后公布（即公布变更决定），如果是决定前公布，在审查过程中何时公布”。[①] 不过，在最终颁行的该规定版本中，上述时限问题仍然阙如。

① 《美国律师协会反垄断法部和国际法部对中国商务部〈关于经营者集中附加限制性条件的规定（征求意见稿）〉的联合意见》（2013 年 5 月 9 日），http://apps.americanbar.org/dch/thedl.cfm?filename=/IC860000/newsletterpubs/comments_salsilremofcomdraftregsmergerremediescombined5_2013.pdf.

第五节　救济措施矫正的方式

笔者以为，结合大陆法系行政法理论及救济措施自身特点，宜将矫正的方式明确细化如下七种：

一、撤销

《行政许可法》第六十九条规定，行政机关超越法定职权作出准予行政许可的，或者行政许可权人以欺诈贿赂等不正当手段取得行政许可的，均应撤销已颁发的行政许可证照。

参照此处关于撤销一词的用法，本文将救济措施的撤销，界定为对于其合法性自始即有瑕疵的救济措施不具有法律效力的认定。

二、撤回

我国《行政许可法》第八条规定："公民法人或者其他组织依法取得的行政许可受法律保护，行政机关不得擅自改变已经生效的行政许可所依据的法律、法规、规章修改或者废止，或者准予行政许可所依据的客观情况发生重大变化的，为了公共利益的需要，行政机关可以依法变更或撤回已经生效的行政许可"。这一规定首次将"撤回"概念引入我国立法，确立了行政许可撤回的基本原则。

笔者赞同一些学者的观点，将行政许可的撤回，视为行政机关对自始合法且尚在持续状态的行政许可之效力予以终止的决定。撤回可针对救济措施的全部，亦可针对其一部。

三、取消

"取消"和撤回一样，是针对自始合法而非违法的附条件准予集中决定效力的终止。不过，发生取消的原因，是集中当事方在领受救济决定后所实施的行为，不符合救济措施的要求，因而具有违法性，从而招致的一种处罚性后果。①

按照《反垄断法》第四十八条的规定，如果经营者违反救济措施的要求而实施集中，商务部有权采取必要措施，责令集中当事方恢复到集中前的状态。这种情形，即属于附加救济措施准予集中的行政许可予以取消的典型例证。

四、期间调整

"期间调整"是指对原救济措施中设定的期间要求予以的调整。具体可包括延期、提前、中止、恢复等。

五、补充

"补充"是指增添与原救济措施有关联、但与原救济措施当中并不包含的内容。补充的内容与原救济措施内容彼此结合、相互弥补。

六、补正

补正是对原救济措施当中因笔误、计算错误等操作性、技术性疏忽导致的错误内容进行纠正。从严格意义上说，补正行为并未涉及新的意思表示，只是对既有的正确意思表示从形式上给予再次表达而已，不属于对救济措施的真正矫正。

① 参见杨登峰：《论合法行政行为的撤回》，《政治与法律》2009 年第 4 期。

七、重做

“重做”是指在撤销、撤回或吊销原救济措施的同时，制定与原救济措施内容无关联的新的救济决定，相当于对原救济措施的替代。

“重做”与“补充”具有相似性，但又有重要区别。相似之处在于，二者都涉及原救济措施并未含有之内容；不同之处是，重做的内容与原救济措施不存在法律上、事实上的关联性，实施重做的救济措施本身，不影响原救济措施内容的效力。补充的内容依附于原救济措施，对原救济措施实施过程中相关法律主体的法律关系、法律地位或实际市场效果，能够产生增益或贬损影响。

第六节　救济措施矫正的后续问题

一、救济措施矫正后的问题

救济措施经过形成、实施和矫正之后，可能有三种基本情形。

其一是“终止原救济措施”，即原来的救济措施效力全部失去，且无新的救济措施取代。至此，救济措施的运行机制提前告终；

其二是“终止部分原救济措施”，即原来的救济措施当中，部分失去效力，部分仍存效力。若此，则有效部分的救济措施应继续实施；

其三是“创设新救济措施”，矫正机制创设了原有救济措施本不具有的新的救济措施，从而再次回复循环至进入救济措施实施机制。

上述三种基本情形之间排列组合，可形成如下图所示的五种具体情形：

	终止原救济措施	终止部分原救济措施	创设新救济措施
终止原救济措施	(1) 终止原救济措施	/	/
终止部分原救济措施	/	(3) 终止部分原救济措施	/
创设新救济措施	(2) 终止原救济措施，且创设新救济措施	(4) 终止部分原救济措施，且创设新救济措施	(5) 保留原救济措施，且创设新救济措施

在上述五种情形当中，情形(1)无须继续实施救济措施，情形(2)、(3)、(4)、(5)，则须如下图所示，由此前的实施阶段、矫正(包括新一轮的救济措施形成阶段)阶段，回复循环至新的一轮实施阶段。

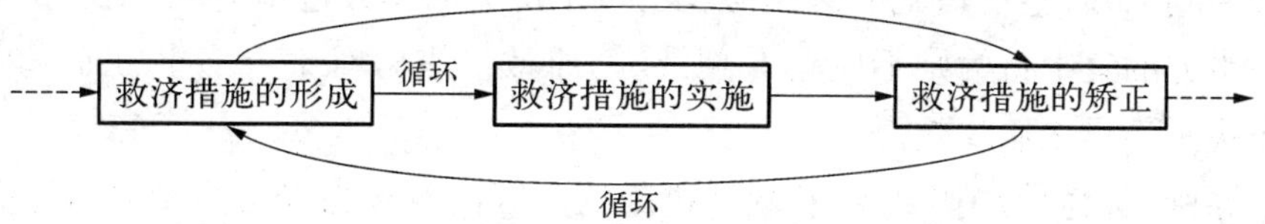

不过，救济措施矫正所产生的后果，并不单纯是救济措施运行机制的往复循环适用，而是与此同时产生了一系列必须解决的新问题：

问题之一，是部分或全部终止原救济措施的决定，是否具有溯及力？如有溯及力，溯及至何时？

问题之二，是在第(1)、(2)、(3)、(4)种情形当中，由于部分或全部原救济措施终止而利益受损的主体，是否应当获得救济，以及应当由谁来负担救济？

这两个问题由救济措施矫正机制引发，虽然在严格意义上可不将其视为救济措施运行机制的组成部分，但因其与救济措施的完整运行关系十分有关联，故本文以对这两个问题的探究，作为对救济措施运行机制问题研究的尾部。

二、救济措施矫正的溯及力

学界有研究对于分析救济措施矫正方式中的"撤销"问题有所启示，但对撤回、取消、补充、重做等矫正方式，难以直接适用，现有文献中也缺乏对该问题的讨论。

笔者认为，关于各种救济措施矫正方式的溯及力问题，应分为三类，按照相应的原则与例外处理。

(一)"撤销"和"取消"的溯及力

"撤销""取消"皆因救济措施在做成之时就存在法律瑕疵。对此类矫正方式溯及力问题的判断原则有四：

原则一，若救济措施的法律瑕疵由集中当事方的单方过错造成，或者矫正救济措施因集中当事方实施的违法行为所招致，则矫正对集中当事方的集中行为具有溯及力，原救济措施对集中当事方而言应自始无效，即从其作出决定之日起就不具有法律效力。

原则二，若救济措施的法律瑕疵由执法机关的单方过错造成，则矫正对集中当事方的集中行为则不应具有溯及力，原救济措施对集中当事方而言应自矫正决定作出之后生效。

原则三，若“撤销”、“取消”救济措施的原因由执法当局与集中当事方共同造成，应根据双方过错程度，酌情考虑并确定矫正的溯及力。

原则四，对集中当事方依据救济措施要求与善意第三人实施的法律行为，不具有溯及力。例如，原救济措施要求集中当事方向第三人剥离资产，且第三人善意购得该资产，但事后救济措施被撤销的，善意第三人与集中当事方之间的资产已转合同关系仍然有效，但集中当事方之间或已实施的集中行为无效，应在不损及善意第三人的基础上，回复至集中之前的状态。

（二）“撤回”、“补充”、“重做”的溯及力

对于此类矫正方式，原则上应认定其无溯及力。

这是因为，“撤回”、“补充”矫正的事由并非因某方法律主体的过错造成，而是法律制度、市场环境等情势变更引发，几近“不可抗力”。若认定此类矫正具有溯及力，要求推翻此前基于对救济措施的安定性信赖而实施的民商事行为，必然是相当一部分法律主体的利益受到损害。这种做法，无异于使无辜者遭受“惩罚”，殊为不公，而且起不到促使这些受损害者预见和防范此类损害发生的预见效果。

“重做”的救济措施与原救济措施内容无关联，自然应当从做出“重做”矫正之日起生效，因此不存在具有溯及力之道理。

（三）“期间调整”的溯及力

“期间调整”之目的，是延长或缩短作出调整决定之后的其余期限，其效力当然指向该矫正之后，因此不具有溯及既往的效力。

三、对矫正受损主体的补/赔偿

由于在施加救济措施的同时准予集中被商务部视为“行政许可”事项，那么对救济措施的矫正，则可能构成对行政许可效力的具有或不具有溯及力的

终止，造成信赖该行政许可效力者利益受损。对于该种损害，是否应当提供救济，应由谁向谁提供救济，提供何种救济，现有文献较少涉及，但这些问题系由救济措施的运行过程所延续产生，有必要予以探讨和澄清。

（一）对我国现行规范的分析

1. “补偿说”

关于对行政许可效力变化所发生的经济利益救济问题，我国《行政许可法》第八条规定：“行政许可所依据的法律、法规、规章修改或者废止，或者准予行政许可所依据的客观情况发生重大变化的，为了公共利益的需要，行政机关可以依法变更或者撤回已经生效的行政许可。由此给公民、法人或者其他组织造成财产损失的，行政机关应当依法给予补偿。”

该条规定从法律层面，确立了对受行政许可效力变更不利影响者给予经济利益救济的原则，是分析救济措施矫正所生之利益救济问题的基础性法律依据。

2. “赔偿说”

我国《行政许可法》第七条规定：“公民、法人或者其他组织……合法权益因行政机关违法实施行政许可受到损害的，有权依法要求赔偿。”第六十九条规定：“下列情形之一的，作出行政许可决定的行政机关或者其上级行政机关，根据利害关系人的请求或者依据职权，可以撤销行政许可：（一）行政机关工作人员滥用职权、玩忽职守作出准予行政许可决定的；（二）超越法定职权作出准予行政许可决定的；（三）违反法定程序作出准予行政许可决定的；（四）对不具备申请资格或者不符合法定条件的申请人准予行政许可的；（五）依法可以撤销行政许可的其他情形。被许可人以欺骗、贿赂等不正当手段取得行政许可的，应当予以撤销。依照前两规定撤销行政许可，可能对公共利益造成重大损害的，不予撤销。依照本条第一款的规定撤销行政许可，被许可人的合法权益受到损害的，行政机关应当依法给予赔偿。”

此外，《国家赔偿法》第四条也规定：“行政机关及其工作人员在行使行政职权时”有违法“吊销许可证和执照、责令停产停业、没收财物等行政处罚”，“造成财产损害的其他违法行为”的，“受害人有取得赔偿的权利”。

3. “补偿说”与“赔偿说”的比较

从上述法律规范和相关学说主张来看，矫正救济措施所生之“补偿”性质上属于行政补偿，是指救济措施的做成机关基于公共利益的需要，合法行使矫正救济措施的职权而导致他人的合法权益因此受损时，应予提供的经济利益救济。

所谓“赔偿”，性质上属于行政赔偿，是指违法做出救济措施矫正决定、或者矫正违法做出的救济措施决定的国家机关，对因此受到损害的公民、法人或其他组织的合法权益所造成的损害应予提供的经济利益救济。

（二）补偿法律关系的主体

集中当事方作为救济措施矫正的直接利害关系人，应被纳入可得补偿主体的范围，自无异议。值得考虑的是，因合法的救济措施矫正行为而遭受损失的第三人，是否应纳入被补偿主体的范围。

假设有如下案例：A、B两公司是集中当事方，获得反垄断审查机关附加救济措施准予集中的许可。根据救济措施的要求，A须按市场竞争价格保证向第三方提供某种产品C，该义务为期三年。随后，A按照该要求与D签署了为期三年的供货合同，D向A一次性支付对价1 000万元。后来，审查机关决定矫正救济措施，要求A停止向第三方供货。于是，D无法获得合同约定的C产品的继续供应，因而遭受损失（包括缔约过程中的成本、因信赖可获得C产品而专门投资设立的加工生产线、因无法向其后手供货的违约赔偿责任等）。试问，在此情形下，D是否属于应被反垄断审查机关给予补偿的主体？

既然第三人应当成为竞争执法机构在矫正救济措施时应当考虑的重要因素，那么就存在应考虑而未考虑或未给予充分适当考虑的可能，由此也就产生了第三人应获救济的正当事由。故而，因救济措施矫正而可能获得经济利益救济的主体范围，除了集中当事方，还应当包括第三人。

当然，并非受矫正影响的任何第三人均应得到补偿。可考虑从两个方面对第三人的受偿条件加以限制：首先，第三人须为善意，即第三人取得矫正发生前利益的行为符合正常合理的交易规则，无违反法律规定的情形，不知道也不应当知道可能发生矫正；其次，第三人须与矫正行为有直接利害关系。例如，矫正决定集中当事方变更与第三方的交易关系，致使该特定第三人利益受损的，该第三人应有权获得补偿。若该第三人因此无法履行其与其他第三人另行签订之合同，导致其他第三人利益受损的，则其他第三人不应在可得补偿的主体范围之内。"直接利害关系"要件旨在限定可得补偿的第三人主体范围,防止因事实因果关系的无限延展,而使国家机关承担无限补偿的责任。由此使第三人无法获得补偿的损失,应视为商业经营的正常风险,应由其自行负担。

上述补偿法律关系的主体,可用下表列示:

赔偿义务人 / 赔偿请求权人	集中当事方	善意、有直接利害关系第三人	非善意或无直接利害关系第三人
执法机关	补偿	补偿	不补偿

(三) 赔偿法律关系的主体

"赔偿"的发生有两种原因。是对救济措施进行矫正的决定具有违法性;是因救济措施本身具有违法性而采取矫正行为。与此相应,被赔偿主体的主体范围也有所差异。

对于第一种情形,执法机关应当在撤销违法做出的矫正救济措施决定,恢复实施原救济措施的同时,对受害人给予赔偿。可得赔偿的主体,应有两类:其一是集中当事方,当事方因信赖救济措施的稳定性而做出商业行为决策,违法的矫正决定将导致某些商业关系的中断或扭曲,从而导致集中当事方利益受损。对此,实施违法矫正行为的机关,当然应予赔偿;其二是第三人,与救济措施有直接利害关系的善意第三人,因救济措施的非法矫正所受的损失,亦应得到赔偿。

对于第二种情形,应先区分造成应予矫正的救济措施之违法性的原因。如果集中当事方对救济措施的违法性有过错(例如,当事方采用贿赂、或提供虚假信息等手段,非法获得救济措施决定),则矫正救济措施的行为导致集中当事方"利益"受损的,因此"利益"的取得缺乏合法性基础,故不应对其提供赔偿;若违法救济措施系由反垄断机构自身过错(如滥用职权、玩忽职守、超越法定职权、违反法定程序等)造成,与集中当事方的主观状态无涉,则受损的集中当事方有赔偿请求权。对于与原救济措施有直接利害关系的善意第三人,若因违法救济措施被矫正而利益受损的,是否应按国家给予赔偿须区分处理。如果救济措施的违法性与集中当事方的过错有关,则应由集中当事方向第三人给予赔偿；如果过错在于执法机关，则应由国家对第三人提供赔偿。

给予过错之有无以及过错方的不同，赔偿法律关系的主体，可用下表说明：

赔偿义务人 赔偿请求权人	无过错 集中当事方	有过错 集中当事方	善意、有直接利害 关系第三人
执法机关（有过错）	赔偿	不赔偿	赔偿
集中当事方（有过错）	/	/	赔偿

附：《商务部附条件批准经营者集中程序规定》(局部内容建议稿)①

第╳章　总　　则

第╳条　(原则)

经营者集中的反垄断审查执法程序与执法工作信息，应向社会及时公开，但是，商业秘密及其他需要保密的信息，依据法律法规或商务部规章不应予以公开的情况除外。

第╳条　(程序参与)

经营者集中反垄断审查的当事人、与经营者集中反垄断审查有直接利害关系的第三人，有充分参与审查程序的权利。

与经营者集中反垄断审查无直接利害关系的第三人，对反垄断审查机关的执法工作有监督、建议和其他依法参与的权利。

第╳章　经营者集中附加限制性条件的形成

第╳条　(程序启动的公开)

商务部在决定启动经营者集中反垄断审查程序之日起的╳个工作日内，应在商务部网站公开披露相关经营者的名称、国籍、注册编号、联系地址，以及拟实施的集中方案概况。其中，经营者的名称和联系地址信息，应同时以中文和其母国通用文字披露。

① 该建议稿旨在为我国经营者集中反垄断审查中与救济措施运行程序相关的程序规则提供某些可资参考的思路和文本，其内容并不系统、全面，而是基于本文的各章研究重点提炼出的“片段式”规则建议。

第×条 （询洽）

经营者集中反垄断审查程序启动之后、审查决定作出之前，经营者有权询问和获悉商务部是否具有禁止或附加限制性条件批准经营者集中的意愿。

第×条 （提议）

经营者集中反垄断审查程序启动之后、审查决定作出之前：

(1) 经营者可以向商务部提出以附加限制性条件的方式批准经营者集中的建议，以及根据商务部的意见对建议进行修改的建议；

(2) 商务部可以就经营者附加限制性条件的建议提出意见，也可以提出新的意见。

第×条 （商谈）

商务部与经营者可以通过书面或口头方式，就附加限制性条件进行商谈。

商谈期间自商务部向经营者做出其拟禁止或以附加限制性条件批准经营者集中的意愿之日起算，至商务部作出审查决定之日终止，累计不得少于×个工作日，在商谈期间内：

(1) 经营者可以向商务部提出以附加限制性条件的方式批准经营者集中的建议，以及根据商务部的意见对建议进行修改的建议，或者变更、撤回上述建议；

(2) 商务部可以就经营者附加限制性条件的建议提出意见，也可以提出新的意见，或者变更、撤回上述意见；

(3)除非经营者自愿将其在商谈中的意思表示作为经营者集中反垄断审查决定要求经营者承担的义务或责任，否则，其意思表示对经营者不具有法律上的拘束力。

第×条 （异议声明）

商务部在作出不批准经营者集中审查决定之前的至少×个工作日，应将拟作出该决定所依据的事实证据与法律根据，以书面形式通知经营者。

第×条 （卷宗获取）

经营者在接到前条所述通知后的×个工作日内,有权查阅、复制相关证据材料,但是商业秘密及其他需要保密的信息,依据法律法规或商务部规章不应予以披露的除外。

商务部不得依据经营者无权获得的证据,作出不批准或附限制性条件批准经营者集中的反垄断审查决定。

第×条 (拟采取救济措施的公开)

商务部与经营者就批准集中所附加的限制性条件达成初步一致意见后的×个工作日内,经营者应以书面形式向商务部提交同意接受该条件的初步承诺函。在商务部作出经营者集中反垄断审查决定之前,经营者可以变更、撤回初步承诺函。

商务部在收到初步承诺函后的×个工作日内,在商务部网站公开该函及拟附加的限制性条件,对拟附加限制性条件的事实与理由作出说明,公开接收公众评议的通讯方式。

前条第二款信息披露之日起的×日内为公众评议期。在此期间内,任何人均可以就商务部拟附加限制性条件的合法性与适当性,向商务部提交评议意见、建议和证据。

商务部有权根据公众评议情况,就变更拟附加的限制性条件与经营者进行商谈。

第×条 (接受公众评议)

前条第二款信息披露之日起的×日内为公众评议期。在此期间内,任何人均可以就商务部拟附加限制性条件的合法性与适当性,向商务部提交评议意见、建议和证据。

第×条 (对公众评议的反馈)

公众评议期结束后的×个工作日内,商务部应制作关于公众评议情况的报告,总结公众评议意见,说明是否拟在附加的限制性条件中采纳公众的意见、建议及其理由。

第×条 (救济措施的确定)

公众评议期结束后,商务部与经营者就附加的限制性条件达成一致的,经营者应在审查程序时限届满前至少×个工作日,向商务部提交自愿接受限制性条件拘束的书面承诺。

本条第一款所述书面承诺，自送达商务部之日起生效，未经商务部同意，不得撤回。

商务部做出附加限制性条件批准集中决定的，所附加的限制性条件不得超出本条第一款所述书面承诺涵盖的内容。

经营者未在本条第一款所述期限内提交书面承诺的，商务部可以作出禁止集中或无条件批准集中的决定，不得作出附加限制性条件批准集中的决定。

第×章　经营者集中附加限制性条件的实施

第×条　（受托人的规范）

商务部有权决定以公开招聘、定向邀请的方式，由经营者自行或由商务部直接遴选剥离受托人或监督受托人（“受托人”）。

受托人遴选期间，自附加限制性条件批准集中决定公告之日起算，最长不得超过×个工作日。

第×条　（受托人的确认）

经营者应当在受托人遴选期间终止前，向商务部提交至少×名受托人的推荐人选，并提交能够证明和说明相关人选具备担任受托人所持能力的书面资料。

受托人遴选期满后的×个工作日内，商务部应就受托人的选任做出决定。

经营者应当按照商务部要求的时间和内容，与受托人签署委托协议，并向商务部提交报备委托协议副本一份。

第×条　（受托人选的公开）

经营者与受托人签署委托协议之日起的×个工作日内，商务部应在其网站上公布受托人的的名称、国籍、注册编号、联系方式。其中，受托人的名称和联系地址信息，应同时以中文和其母国通用文字披露。

第×条　（受托人的责任）

受托人履行委托协议的行为导致经营者损失的，经营者不得要求受托人承担法律责任，但是受托人存在故意的情况除外。

受托人违反法律规定、委托协议约定的，商务部有权要求经营者解除与受委托人的委托关系，就解除委托事项作出公告，并对受委托人做出公开谴责。

第×章　经营者集中附加限制性条件的矫正

第×条　(救济措施矫正的启动)

对不合法、不适当的附加限制性条件批准集中决定，经营者或第三人有权申请商务部予以修正；商务部可以依法作出修正的决定。

第×条　(启动救济措施矫正的公开)

商务部决定启动修正附加限制性条件批准集中决定的，应在作出该决定的×个工作日内，以书面形式向经营者发出决定通知，并在商务部网站公开该决定。

第×条　(矫正救济措施的时限)

商务部应在决定对附加限制性条件批准集中决定启动修正审查程序之日起的×个工作日内，作出是否以及如何修正附加限制性条件批准集中决定的决定，以书面形式向经营者发出决定通知，并在商务部网站公开该决定。

第×条　(救济措施矫正的考虑因素)

商务部修正附限制性条件批准集中的决定时，应综合考虑修订对经营者、第三人以及公共利益的影响。

第×条　(矫正方式的提议)

商务部启动修正附限制性条件批准集中决定之后、作出修正决定审查决定之前：

(1) 经营者可以向商务部提出对附加限制性条件的方式批准经营者集中的修正建议，以及根据商务部的意见对修正建议进行修改的建议；

(2) 商务部可以就经营者修正附加限制性条件的建议提出意见，也可以提出新的意见。

第×条　(矫正方式的商谈)

商务部与经营者可以通过书面或口头方式，就修正附加限制性条件进行商谈。

商谈期间自经营者收到商务部发出的启动对附加限制性条件批准经营者集中决定修订程序的书面通知之日起算，至商务部作出修订决定之日终止，累计不得少于╳个工作日，在商谈期间内：

(1) 经营者可以向商务部提出以附加限制性条件的方式批准经营者集中的建议，以及根据商务部的意见对建议进行修改的建议，或者变更、撤回上述建议；

(2) 商务部可以就经营者附加限制性条件的建议提出意见，也可以提出新的意见，或者变更、撤回上述意见；

(3) 除非经营者自愿将其在商谈中的意思表示作为经营者集中反垄断审查决定要求经营者承担的义务或责任，否则，其意思表示对经营者不具有法律上的拘束力。

第╳条 (异议声明)

商务部在作出修正原审查决定、作出不批准经营者集中审查决定之前的至少╳个工作日，应将拟作出该决定所依据的事实证据与法律根据，以书面形式通知经营者。

第╳条 (卷宗获取)

经营者在接到前条所述通知后的╳个工作日内，有权查阅、复制相关事实证据，但是商业秘密及其他需要保密的信息，依据法律法规或商务部规章不应予以披露的除外。

商务部不得依据经营者无权获得的证据，作出不批准或附限制性条件批准经营者集中的反垄断审查决定。

第╳条 (拟矫正救济措施的公开)

商务部与经营者就修正附加的限制性条件达成初步一致意见后的╳个工作日内，经营者应以书面形式向商务部提交同意接受该修正条件的初步承诺函。在商务部作出经营者集中反垄断审查决定之前，经营者可以变更、撤回初步承诺函。

商务部在收到初步承诺函后的╳个工作日内，在商务部网站公开该函及拟修正的限制性条件，对拟修正附加限制性条件的事实与理由的说明，公开接收公众评议的通讯方式。

前条第二款信息披露之日起的×日内为公众评议期。在此期间内，任何人均可以就商务部拟修正的附加限制性条件的合法性与适当性，向商务部提交评议意见、建议和证据。

商务部有权根据公众评议情况，就变更拟修正的限制性条件与经营者进行商谈。

第×条 （接受公众评议）

前条第二款信息披露之日起的×日内为公众评议期。在此期间内，任何人均可以就商务部拟修正限制性条件的合法性与适当性，向商务部提交评议意见、建议和证据。

第×条 （对公众评议的反馈）

公众评议期结束后的×个工作日内，商务部应制作关于公众评议情况的报告，总结公众评议意见，说明是否拟在修正限制性条件中采纳公众的意见、建议及其理由。

第×条 （矫正救济措施的确定）

公众评议期结束后，商务部与经营者就修正的限制性条件达成一致的，经营者应在修正审查程序时限届满前至少×个工作日，向商务部提交自愿接受修正后的限制性条件拘束的书面承诺。

本条第一款所述书面承诺，自送达商务部之日起生效，未经商务部同意，不得撤回。

商务部作出以附加限制性条件批准集中决定方式作出修正决定，所附加的限制性条件不得超出本条第一款所述书面承诺涵盖的内容。

经营者未在本条第一款所述期限内提交书面承诺的，商务部可以作出禁止集中或无条件批准集中的决定，不得作出附加限制性条件批准集中的决定。

第×条 （救济措施违法的事由）

已经作出的附限制性条件批准集中的审查决定，因下列事由不合法的，商务部有权对审查决定进行矫正：

（1）认定集中具有或可能具有反竞争影响的证据不足；

（2）作出审查决定所依据的证据不真实、不准确或具有误导性；

（3）审查决定对法律的适用错误；

(4) 商务部工作人员滥用职权作出审查决定;

(5) 其他导致审查决定不合法的情形。

第×条 (矫正违法救济措施的方式)

对于不合法的附加限制性条件批准集中决定,商务部可以采取撤销或变更原审查决定的决定:

(1) 撤销认定集中具有或可能具有反竞争影响的证据不足;

(2) 作出审查决定所依据的证据不真实、不准确或具有误导性;

(3) 审查决定对法律的适用错误;

(4) 商务部工作人员滥用职权作出审查决定;

(5) 其他导致审查决定不合法的情形。

第×条 (救济措施不适当的事由)

已经作出的附限制性条件批准集中的审查决定,因下列事由不适当的,商务部有权对审查决定进行矫正:

(1) 限制性条件不足以救济集中对竞争造成的不利影响;

(2) 限制性条件显著超出救济集中对竞争造成不利影响的必要程度;

(3) 限制性条件对经营者或第三人造成不必要的损害;

(4) 其他导致审查决定不适当的情形。

第×条 (矫正救济措施的方式)

对于不合法的附加限制性条件批准集中决定,商务部可以作出撤销或变更原审查决定的决定。

对于不适当的附加限制性条件批准集中决定,商务部可以作出取消、撤回或变更原审查决定的决定。

第×条 (矫正救济措施的溯及力)

附加限制性条件批准集中决定被修订的,修订决定的溯及力按照下列情形确定:

(1) 因商务部单方过错造成原经营者集中反垄断审查决定不合法或不适当的,修订决定自作出之日起生效,不具有溯及力;

(2) 因经营者单方过错、或经营者与商务部共同过错造成原经营者集中反垄断审查决定不合法或不适当的,修订决定可以由商务部酌情决定是否具有溯及力；

(3) 商务部与经营者对原经营者集中反垄断审查决定的不适当性均无过错的，修订决定自作出之日起生效，不具有溯及力。

第×条 (救济措施矫正后的补偿)

商务部作出原审查决定所依据的法律、法规、规章修改或者废止，或者作出原审查决定所依据的客观情况发生重大变化的，为了公共利益的需要，商务部依法撤回或变更已经生效的附加限制性条件批准集中决定，由此给经营者、直接利害关系第三人造成财产损失的，商务部应当依法给予补偿，经营者、直接利害关系第三人对原审查决定的不适当性有过错的情况除外。

第×条 (救济措施矫正后的赔偿)

商务部对不合法的原审查决定作出修订决定，由此给无过错的经营者、直接利害关系第三人造成财产损失的，商务部应当依法给予赔偿。

第×章 国际协作

第×条 (国际协作中的信息披露)

为提高经营者集中反垄断审查工作的效率，商务部鼓励除经营者授权商务部与其他法域的反垄断机构分享和交流经营者向商务部提交的信息，但是，经营者有权以明示方式要求商务部对其提交的涉及商业秘密的信息承担保密义务。

主要参考文献

一、著作(中文)

1. 蔡桂生:《刑事诉讼第三人理论下的被害人诉权》,载贾宇主编:《刑事司法评论》(第2卷),人民法院出版社2008年版。

2. 曾昭恺:《由法安定性论公法上情势变更原则》,载城仲模主编《行政法之一般法律原则》,三民书局股份有限公司1994年版。

3. 柴发邦:《民事诉讼法学新编》,法律出版社1992年版。

4. 戴维·M·沃克:《牛津法律大词典》,李双元等译,法律出版社2003年版。

5. 丁茂中、林忠:《经营者集中控制制度的理论与实务》,复旦大学出版社2012年版。

6. 方世荣:《行政法与行政诉讼法学》,中国政法大学出版社2007年版。

7. 韩立余:《经营者集中救济制度》,高等教育出版社2011年版。

8. 韩伟:《经营者集中附条件法律问题研究》,法律出版社2013年版。

9. 姜明安:《行政法与行政诉讼法》,北京大学出版社、高等教育出版社2001年版。

10. 李国海:《反垄断法实施机制研究》,中国方正出版社2006年版。

11. 李进之:《美国财产法》,法律出版社1999年版。

12. 李俊峰:《反垄断法的私人实施》,中国法制出版社2009年版。

13. 理查德·A·波斯纳:《反托拉斯法》(第二版),孙秋宁译,中国政法大学出版社2003年1月版。

14. 刘宁元:《反垄断法域外管辖冲突及其国际协调机制研究》,北京大学出版社 2013 年版。

15. 罗豪才：《行政法学》，中国政法大学出版社 1996 年版。

16. 马西莫·莫塔：《竞争政策——理论与实践》，沈国华译，上海财经大学出版社 2006 年版。

17. 美国律师协会反垄断分会：《美国并购审查程序暨实务指南》，李之彦、王涛译，北京大学出版社 2011 年版。

18. 美国律师协会反垄断分会：《企业并购前的协同：关于抢先合并与信息交换的新规则》，郝倩等译，北京大学出版社 2011 年版。

19. 潘志成：《经营者集中反垄断审查的裁决程序》，法律出版社 2012 年版。

20. 尚明：《企业并购反垄断控制：欧盟及部分成员国立法执法经验》，法律出版社 2008 年版。

21. 沈敏荣：《法律的不确定性：反垄断法规则分析》，法律出版社 2001 年版。

22. 盛杰民：《竞争法在中国：现状与展望》，载杨紫烜主编：《经济法研究》(第 1 卷)，北京大学出版社 1999 年版。

23. 石佑启：《行政法与行政诉讼法》，中国人民出版社 2008 年版。

24. 王炳：《反垄断非强制性执法制度与实践分析》，法律出版社 2011 年版。

25. 王俊豪、肖兴志、唐要家：《中国垄断性产业管制机构的设立与运行机制》，商务印书馆 2008 年版。

26. 王健：《反垄断法私人执行——基本原理与外国法制》，法律出版社 2008 年版。

27. 王先林：《中国反垄断法实施热点问题研究》，法律出版社 2011 年版。

28. 王晓晔：《反垄断法》，法律出版社 2011 年版。

29. 谢地、刘佳丽：《垄断行业监管机制的法经济学研究——监管机制、体制与制度协调论》，经济科学出版社 2013 年版。

30. 徐亚文：《程序正义论》，山东人民出版社 2004 年版。

31. 杨海坤、章志远：《中国行政法基本理论研究》，北京大学出版社 2004 年版。

32. 应松年：《行政法学新论》，中国方正出版社 2004 年版。

33. 于馨淼：《我国反垄断法国际合作的模式选择》，法律出版社 2012 年版。

34. 张瑞萍：《反垄断诉权保障机制研究》，立信会计出版社 2013 年版。

35. 张正钊：《中外许可证制度的理论与实务》，中国人民大学出版社 1994 年版。

36. 中国社会科学院语言研究所词典编辑室编：《现代汉语词典》(第 6 版)，商务印书馆 2012 年版。

37. 中国社科院法学研究所法律辞典编委会编：《法律辞典》，法律出版社 2003 年版。

38. 朱识义：《外资参与经营者集中国家安全审查制度研究》，浙江大学出版社 2014 年版。

39. [美] 理查德·A·波斯纳：《法律的经济分析》(上、下)，蒋兆康译，中国大百科全书出版社 1997 年版。

40. [美] 曼昆：《经济学原理》(上册)，梁小民译，三联书店、北京大学出版社 1999 年版。

41. [美] 皮特·纽曼主编：《新帕尔格雷夫法经济学大词典》(第二卷)，许明月等译，法律出版社 2003 年版。

42. [美] 阿瑞达等：《反垄断法精析：难点与案例》，中信出版社 2003 年版。

43. [美] 伯纳德·施瓦茨：《行政法》，徐炳译，群众出版社 1996 年版。

44. [美] 盖尔霍恩等：《反垄断法与经济学》，法律出版社 2009 年版。

45. [英] 卡罗尔·哈洛、理查德·罗林斯：《法律与行政》，杨伟东译，商务印书馆 2004 年版。

二、论文(中文)

1. 丁茂中：《经营者集中控制制度中的资产剥离机制》，《探索与争鸣》2010 年第 12 期。

2. 高秦伟：《私人主体的行政法义务?》，《中国法学》2011 年第 1 期。

3. 韩伟：《企业集中反垄断审查中的行为救济》，《东方法学》2013 年第 5 期。

4. 江伟、单国军：《论民事诉讼中无独立请求权第三人的确定》，《中国人民大学学报》1997 年第 2 期。

5. 李俊峰：《产业规制视角下的中国反垄断执法架构》，《法商研究》2010 年第 2 期。

6. 李俊峰：《论不特定第三人对企业合并反垄断审查的参与权》，《云南师范大学学报》(哲学社会科学版)2012 年第 6 期。

7. 李俊峰：《全球平行审查背景下的中国经营者集中救济》，《当代法学》2015 年第 2 期。

8. 李俊峰：《中国企业合并反垄断审查的展开——对商务部“异议案例”公开信息的研究》，《国际经贸探索》2010 年第 9 期。

9. 李喜莲：《民事诉讼法上的利害关系人之界定》，《法律科学》2012 年第 1 期。

10. 刘武朝、时建中：《论经营者集中反垄断审查中的监督受托人——欧美的经验及借鉴》，《河北法学》2014 年第 5 期。

11. 刘武朝：《论经营者集中附限制性条件执行争议的仲裁适用》，《河北法学》2013 年第 10 期。

12. 马怀德：《行政赔偿的范围》，《江海学刊》1994 年第 5 期。

13. 邵春霞：《公民知情权：和谐社会的合法性基础》，《政治与法律》2007 年第 3 期。

14. 施建辉：《行政执法中的协商与和解》，《行政法学研究》2006 年第 3 期。

15. 谭剑：《行政行为的撤销研究》，武汉大学 2010 年博士学位论文。

16. 王萌等：《浅析非强制行政行为》，《理论研究》2007 年第 4 期。

17. 王先林：《理想与现实中的中国反垄断法——写在〈反垄断法〉实施五年之际》，《交大法学》2013 年第 2 期。

18. 王先林、何敏：《反垄断案件调查中非正式的协商和解程序规则的初步设计》，《工商行政管理》2006 年 11 期。

19. 杨登峰：《论合法行政行为的撤回》，《政治与法律》2009 年第 4 期。

20. 杨海坤、马生安：《中外行政诉讼第三人制度比较研究》，《比较法研究》2004 年第 3 期。

21. 叶必丰：《行政行为确定力研究》，《中国法学》1996 年第 3 期。

22. 叶卫平：《反垄断法的价值构造》，《中国法学》2012 年第 3 期。

23. 应飞虎：《信息如何影响法律——对法律基于信息视角的阐释》，《法学》2002 年第 6 期。

24. 郑鹏程：《论现代反垄断法实施中的协商和解趋势——兼论行政垄断的规制方式》，《法学家》2004 年第 4 期。

25. 朱宏文、王健：《从"两权合一"走向"三权合一"——我国反垄断执法机关导入准司法权的理论、路径和内容》，《法学评论》2012 年第 5 期。

三、报刊文章(中文)

1. 饶智、王延春、康逸梅：《新贵之盟》，《财经》2010 年第 12 期。

2. 王毕强：《商务部官员证实联通网通合并涉嫌违法》，《经济观察报》2009 年 4 月 30 日。

3. 谢鹏：《"自首"也麻烦：反垄断法的"宽恕"暗道》，《南方周末》2013 年 9 月 26 日。

4. 邢飞：《李荣融自称"世上最好老板"："央企要过两年紧日子"》，《北京晨报》2008 年 8 月 11 日。

5. 张涵：《商务部：我国国际贸易定价权几近崩溃》，《北京商报》2010 年 5 月 17 日第一版。

四、网络资源(中文)

1.《美国律师协会反垄断法部和国际法部对中国商务部〈关于经营者集中附加限制性条件的规定（征求意见稿）〉的联合意见》（2013 年 5 月 9 日），http://apps. americanbar. org/dch/thedl. cfm? filename =/IC860000/newsletterpubs/comments _ salsilremofcomdraftregsmergerremediescombined 5_2013. pdf.

2. 王红松：《律师在仲裁中应注意的法律问题》，http://www.bjac.org.cn/news/view.asp? id=1649.

五、著作(英文)

1. Ajit Singh, Competition and Competition Policy in Emerging Markets: International and Developmental Dimensions, United Nations, 2002.

2. John Conybeare, Dong-Hun Kim, Barbarians at the Gates: State Control of Global Mergers and Acquisitions, Volume 33, Issue 9, The World Economy, 2010.

3. John Davies eds, Merger Control 2014: The international regulation of mergers and joint ventures in 75 jurisdictions worldwide, Law Business Research Ltd, 2013.

4. John Davies eds, Merger Control 2014: The international regulation of mergers and joint ventures in 75 jurisdictions worldwide, Law Business Research Ltd, 2013.

5. Kenneth Culp Davis, Discretionary Justice: A Preliminary Inquiry, Louisiana State University Press, 1969.

6. Louis D. Brandeis, Other People's Money, National Home Library Foundation, 1933.

7. Oliver Falck etc., eds, Industrial Policy for National Champions, MIT Press, 2011.

8. Robert H. Bork, The Antitrust Paradox. New York: Free Press, 1978.

9. Ronald W Davis, Private Litigation under Section 7 of the Clayton Act: Law and Policy, American Bar Association, 1989.

10. Stephen Davies & Bruce Lyons, Mergers and Merger Remedies in the EU, Edward Elgar Publishing Limited, 2007.

六、论文(英文)

1. Alan Gallindoss, Ivan Glasenberg's Glencore Xstrata Is Changing Its Name Back to Glencore Again One Year After Merger, Jewish Business News, April 17th, 2014.

2. Becker, G. J. Stigler. Law Enforcement, Malfeasance, and the Compensation of Enforcers. Journal of Legal Studies 3 1974.

3. Charlotte BrEuvart and Étienne chassain, Post-clearance Modification and Waiver of EU Merger Remedies.

4. David A. Balto, Private Merger Challenges: A Critical Supplement to Government Enforcement, Mergers and Acquisitions Newsletter, Vol. IV, No. 3, 2004.

5. Division, U. S. Department of Justice, 60 ANTITRUST L. J. (1991).

6. Emily Roche, etc., BRIC Merger Control — The New Regulatory Frontier, International In-house Counsel Journal, Vol. 5, No. 19, Spring 2012.

7. Erik Johansen, I Say Antitrust; You Say Anticompetitive: Why Bridging the Divide Between U. S. and EU Competition Policy Makes Economic Sense, 24 PENN. ST. INT'L L. REV. (2005).

8. Geoffrey A. Manne & E. Marcellus Williamson, Hot Docs vs. Cold Economics: The Use and Misuse of Business Documents in Antitrust Enforcement and Adjudication, 47 ARiz. L. REV. (2005).

9. Ilene Knable Gotts, David A. Schwartz, Damian G. Didden, and Daniel E. Hemli, Nature vs. Nurture and Reaching the Age of Reason: The U.S./E.U. Treatment of Transatlantic Mergers, 61 New York University Annual Survey of American Law, 2005.

10. Ilene Knable Gotts, Navigating Multijurisdictional Merger Reviews: Suggestions from a Practitioner, Competition Law International, Vol 9, No

2, October 2013.

11. J. Thomas Rosch et al., 60 Minutes with the Honorable James F. Rill, Assistant Attorney Genera Antitrust Division, U. S. Department of Justice, 60 ANTITRUST L. J. 217 (1991).

12. Jonathan B. Baker, Preserving a Political Bargain: The Political Economy of the Non-interventionist Challenge to Monopolization Enforcement, 76 ANTITRUST L.J. 605 (2010).

13. Sherry R. Arnstein, A Ladder of Citizen Participation, Journal of the American Planning Association, Vol.35, No.4, 1969.

14. Susan Rose-Ackerman, Redesigning the State to Fight Corruption: Transparency, Competition and Privatization, Public Policy for the Private Sector, No.75, 1996.

15. Thomas M. Jorde, Coping with the Merger Guidelines and the Government's "Fix-it-first" Approach: A Modest Appeal for More Information, 32 Antitrust Bulletin, 1987.

16. Warren S. Grimes, Transparency in Federal Antitrust Enforcement, Buffalo Law Review, Vol 51 No 4, 2003.

17. When the Hardest may be yet to Come, Competition Law Journal, 2014, No 3.

18. Wouter P. J. Wils, Should Private Antitrust Enforcement Be Encouraged in Europe, World Competition, 26(3), (2003).

七、网络资源(英文)

1. David A. Balto & Richard G. Parker, The Evolving Approach to Merger Remedies, http://www. ftc. gov/public-statements/2000/05/evolving-approach-merger-remedies.

2. Deborah Platt Majoras, Antitrust Remedies in the United States: Adhering to Sound Principles in a Multi-faced Scheme, Speech Before Canadian Bar Association National Law Section 2002 Annual Fall Conference

on Competition Law, http://www.justice.gov/atr/public/speeches/200354.htm.

3. Christine A. Varney, Assistant Attorney General, Procedural Fairness, Remarks as Prepared for the 13th Annual Competition Conference of the International Bar Association (Sept. 12, 2009), http://www.justice.gov/atr/public/speeches/249974.pdf.

4. John E. Kwoka and Diana L. Moss, Behavioral Merger Remedies: Evaluation and Implications for Antitrust Enforcement, http://www.antitrustinstitute.org/content/aai-releases-white-paper-behavioral-merger-remedies-evaluation-and-implications-antitrust-en.

5. Merger Remedies Review Project: Report for the Fourth ICN Annual Conference, http://www.internationalcompetitionnetwork.org/uploads/library/doc323.pdf.

6. Suyong Kim, Anne Vallery and Deirdre Waters, Judicial Review of Mergers, http://www.vvgb-law.com/wp-content/uploads/2013/02/Judicial-Review-of-Mergers.pdf

7. Warren S. Grimes, Transparency in Federal Antitrust Enforcement, Buffalo Law Review, Vol 51 No 4, 2003.

8. William E. Kovacic, Private Participation in the Enforcement of Public Competition Laws, http://www.ftc.gov/speeches/other/030514biicl.htm.

9. William J. Kolasky, Comparative Merger Control Analysis: Six Guiding Principles for Antitrust Agencies — New and Old, Presented at the ternational Bar Association Conference on Competition Law and Policy in a bal Context Cape Town, 2002, http://www.justice.gov/atr/public/ches/10845.pdf